T0128053

essentials

essentials liefern aktuelles Wissen in konzentrierter Form. Die Essenz dessen, worauf es als „State-of-the-Art" in der gegenwärtigen Fachdiskussion oder in der Praxis ankommt. *essentials* informieren schnell, unkompliziert und verständlich

- als Einführung in ein aktuelles Thema aus Ihrem Fachgebiet
- als Einstieg in ein für Sie noch unbekanntes Themenfeld
- als Einblick, um zum Thema mitreden zu können

Die Bücher in elektronischer und gedruckter Form bringen das Fachwissen von Springerautor*innen kompakt zur Darstellung. Sie sind besonders für die Nutzung als eBook auf Tablet-PCs, eBook-Readern und Smartphones geeignet. *essentials* sind Wissensbausteine aus den Wirtschafts-, Sozial- und Geisteswissenschaften, aus Technik und Naturwissenschaften sowie aus Medizin, Psychologie und Gesundheitsberufen. Von renommierten Autor*innen aller Springer-Verlagsmarken.

Weitere Bände in der Reihe http://www.springer.com/series/13088

Martin Müller

Rorty lesen

 Springer VS

Dr. Martin Müller
München, Deutschland

ISSN 2197-6708   ISSN 2197-6716 (electronic)
essentials
ISBN 978-3-658-33549-6   ISBN 978-3-658-33550-2 (eBook)
https://doi.org/10.1007/978-3-658-33550-2

Die Deutsche Nationalbibliothek verzeichnet diese Publikation in der Deutschen Nationalbibliografie; detaillierte bibliografische Daten sind im Internet über http://dnb.d-nb.de abrufbar.

Planung/Lektorat: Frank Schindler
Springer VS ist ein Imprint der eingetragenen Gesellschaft Springer Fachmedien Wiesbaden GmbH und ist ein Teil von Springer Nature.
Die Anschrift der Gesellschaft ist: Abraham-Lincoln-Str. 46, 65189 Wiesbaden, Germany

Was Sie in diesem *essential* finden können

- die Grundzüge von Rortys Neopragmatismus – verständlich erklärt
- einen systematischen Ansatz, sein Werk als Kombination von privater Romantik und öffentlichem Pragmatismus zu lesen
- eine Skizze von Rortys Utopie einer idealen liberalen Gesellschaft in *Kontingenz, Ironie und Solidarität*
- Rortys antiautoritäres Bürgerideal wird vorgestellt: die liberale Ironikerin

Inhaltsverzeichnis

Einleitung: Rortys Werk als Balance von Romantik und Pragmatismus lesen

Richard Rorty hat maßgeblich zur Renaissance der amerikanischen Philosophie des Pragmatismus beigetragen, insbesondere mit seinem ersten Hauptwerk *Der Spiegel der Natur*. Rorty ist der bekannteste Vertreter[1] des Neopragmatismus nach dem *linguistic turn*.[2] Zugleich ist er aber auch der umstrittenste. *Rorty lesen* will Vorurteile und Missverständnisse abbauen. Darüber hinaus versteht es sich als Anleitung für eine systematische Interpretation von Rortys Werk.[3]

Rorty lesen ist einfach. Er gehört zu den besten Essayisten in der amerikanischen Philosophie seit William James. Er hat einen klaren und rhetorisch brillanten Stil, selbst nach der Einschätzung seiner schärfsten Kritiker (Siehe dazu u. a. Bacon 2007, S. xvi). Zu den Beispielen für Rortys stilistische Fähigkeiten gehört die Einleitung von *Der Spiegel der Natur* (SN, S. 13–23). Sie gibt einen eloquenten und klaren Überblick über Inhalt und Zielsetzung des Werkes. Auch der autobiografische Essay *Wilde Orchideen und Trotzki* (PZ, S. 137–159) gehört dazu. Ungewöhnlich offen und zugleich mit der im eigenen Ironie beschreibt Rorty darin den eigenen existenziellen Hintergrund seiner Verabschiedung des philosophischen Begründungsprojekts.

---

[1] Überall dort, wo in diesem *essential* aus Gründen der besseren Lesbarkeit das generische Maskulin verwendet wird, sind stets alle Geschlechter gleichberechtigt mitgemeint.

[2] Im *Neo*pragmatismus steht die Sprache beziehungsweise die Sprachpraxis und nicht mehr, wie bei den Klassikern des Pragmatismus, die experimentelle Erfahrung im Mittelpunkt. Zur Renaissance des Pragmatismus siehe insbesondere Bernstein 2010.

[3] Dieses *essential* basiert auf meiner ausführlichen Studie „Private Romantik, öffentlicher Pragmatismus? Richard Rortys transformative Neubeschreibung des Liberalismus" (Müller 2014a). Für diejenigen Leser, die tiefer in die Rorty-Interpretation einsteigen wollen, sei zudem das von mir herausgegebene *Handbuch Richard Rorty* empfohlen (Müller i. E.).

© Springer Fachmedien Wiesbaden GmbH, ein Teil von Springer Nature 2021
M. Müller, *Rorty lesen*, essentials,
https://doi.org/10.1007/978-3-658-33550-2_1

Wer war Richard Rorty (1931–2007)?

Rorty wuchs in einem sozialistischen Elternhaus auf und kam schon früh in Kontakt mit der amerikanischen Philosophie des Pragmatismus. Er genoss eine hervorragende Ausbildung in Philosophie(-geschichte). Von Anfang an interessierten ihn Fragen der Metaphilosophie (Was ist Philosophie und was kann sie leisten?). Unter anderem lehrte er 20 Jahre lang als Philosophieprofessor in Princeton. Zunächst galt er als Vorreiter der sprachanalytischen Philosophie, nach der die Analyse der Sprache im Mittelpunkt des Philosophierens stehen sollte. Mit der Veröffentlichung seines ersten Hauptwerks *Der Spiegel der Natur* (1979) wurde Rorty weltweit bekannt. Darin kritisiert er den Repräsentationalismus und rechnet mit der sprachanalytischen Fachphilosophie als Wiederauflage der fundamentalistischen Erkenntnistheorie ab. An deren Stelle solle eine Philosophie des Gesprächs treten. Persönlich zog er daraus auch die Konsequenz, das Fach zu wechseln und ging als Professor für *humanities* nach Virginia (1983–1998). In dieser Zeit veröffentlichte er sein zweites Hauptwerk *Kontingenz, Ironie und Solidarität* (1989). Darin zieht er die ethisch-politischen Konsequenzen aus seinem Antirepräsentationalismus und skizziert die Utopie einer post-metaphysischen Gesellschaft liberaler Ironiker. Nach seiner Emeritierung lehrte er das Fach vergleichende Literaturwissenschaft in Stanford (1998–2007). Bis zu seinem Tod warb Rorty für seine Erneuerung des Pragmatismus als antiautoritäre Philosophie. Im Laufe seines Werdegangs wandte er sich immer mehr praktischen Themen zu. In der politischen Streitschrift *Stolz auf unser Land* (1998) fordert er als linker Patriot mit kosmopolitischer Perspektive die akademische Linke auf, ihre theorieverliebte und pseudoradikale Zuschauerrolle zu verlassen. Statt der Beschränkung auf Identitätspolitik solle sich die Linke als „Partei der Hoffnung" für eine sozialdemokratische Reformpolitik gegen die zunehmende soziale Ungleichheit engagieren. Schon früh warnte er vor der Gefahr des Rechtspopulismus.

Rorty lesen ist schwierig. Der wichtigste Grund für mögliche Fehlinterpretationen lautet: Es gibt mindestens „zwei Rortys". Da ist zum einen der analytisch trainierte Philosoph mit profunden Kenntnissen der Philosophiegeschichte. Er formuliert wohlüberlegte Thesen und setzt sich konstruktiv über philosophische Einzelfragen mit den wichtigsten Kollegen seiner Zeit auf höchstem Niveau argumentativ auseinander.[4] Aber da ist zum anderen der Provokateur. Als genialer Vereinfacher mit scheinbar mangelndem Tiefgang hat Rorty immer wieder mit schockierenden Thesen die Diskussion angeheizt, auch wenn er regelmäßig wieder zurückrudern musste (Habermas 2008, S. 33–36).[5] Auch hinter seinem eingängigen Stil lauern Interpretationsfallen. So wechselt Rorty in seinen Texten ständig zwischen philosophischem Argumentieren und rhetorischem Neubeschreiben. Dabei führt die in der Literatur gebräuchliche Alternative „Argumentieren oder Neubeschreiben" in die Irre. In Rortys gesamtem Werk finden finden sich *beide* Techniken, allerdings ohne eine Kennzeichnung, wann jeweils der Übergang zwischen ihnen erfolgt.[6] Seine rhetorischen Techniken der Neubeschreibung sind ebenfalls eine Quelle für Missverständnisse, etwa die häufige Anrufung von Wir-Gruppen, wie zum Beispiel: „Wir Deweyaner" (ORT, S. 211), „wir als brave Anhänger Darwins" (WF, S. 59), „wir Davidsonianer" (KOZ, S. 26). Rorty „beleiht" damit die Autorität berühmter Autoren und praktiziert zugleich ein „starkes Fehllesen" (Harold Bloom) ihrer Texte. Er reformuliert sie in einer instrumentalistischen Einstellung entsprechend der eigenen Zwecke; unter anderem durch die einseitige Auswahl von Zitaten. Selbst Rortys schärfste Kritiker erkennen zum Beispiel seinen Beitrag zur Renaissance des klassischen Pragmatismus an. Zugleich kritisieren sie seine Verzerrung von John Deweys Philosophie. Rortys Antwort auf diesen gängigen Vorwurf lautet, dass es ihm nicht um Dewey-Treue gehe. Er wolle dessen Denken auf den neuesten Stand bringen. Wichtig sei, was Dewey und auch William James an manchen Stellen hätten sagen sollen, nicht was sie wirklich gesagt haben. Rorty verteidigt damit einen instrumentalistischen und kreativen im Gegensatz zu einem archivarischen Umgang mit der Tradition (SO, S. 9; EHO, S. 9; PSH, S. xiii).

Immer wieder bedient sich Rorty auch des rhetorischen Mittels der dramatischen Zuspitzung auf exklusive Alternativen. Deren prominenteste lautet: Entweder wir werden radikale Pragmatisten in seinem Sinne oder wir bleiben platonische Metaphysiker. Diese Alles-oder-Nichts-Rhetorik steht eigentlich im Widerspruch zur antidualistischen Einstellung aller Pragmatisten, zu der sich auch

---

[4]Diesen Rorty sieht man unter anderem in Brandom 2000 am Werk.

[5]Ein berühmt-berüchtigtes Beispiel hierfür ist die saloppe Formulierung in *Der Spiegel der Natur*, nach der Wahrheit nicht mehr sei, „als de[r] Umstand, dass unsere Mitmenschen eine Aussage – ceteris paribus – gelten lassen werden" (SN, S. 197). Zur Einordnung dieses Zitats in Rortys transformatives Projekt siehe Abschn. 2.4.

[6]Die These einer erzählerischen Wende in Rortys Werk seit *KIS* ist daher auch nicht überzeugend. Der systematische Grund für Rortys methodischer Unterscheidung zwischen Argumentieren und Neubeschreiben ist sein Sprachspielpragmatismus im Anschluss an den späten Wittgenstein. Siehe dazu unten Abschn. 2.3.

Rorty bekennt. Deshalb kritisieren ihn insbesondere auch andere Neopragmatisten. Indem er jede dritte Möglichkeit zwischen Platonismus und radikalem Pragmatismus ausschließe, ziehe er aus der richtigen Kritik an der traditionellen Philosophie übertriebene Konsequenzen. Sein Alles-oder-Nichts-Denken sei falsch und allein rhetorischen Zwängen geschuldet. Beim Lesen von Rortys Texten ist diese Kritik immer im Hinterkopf zu behalten. Nicht nur bei seinem Umgang mit der Wahrheitsfrage (Rechtfertigung *statt* Wahrheit) zeigt sich allerdings, dass die von ihm propagierten Alternativen eine philosophische Rechtfertigung haben.

Dieses *essential* betont die bisher kaum berücksichtigte, ernsthafte Motivation hinter Rortys Versuchen, traditionelle Diskurse und deren Begriffe durch Neubeschreibung zu verabschieden. Für seine Variante des Neopragmatismus ist ein transformativer Anspruch charakteristisch. Rorty will unsere Sprachpraxis verändern und damit unser Selbstbild. Das bestimmende ethisch-politische Motiv für dieses transformative Projekt ist ein demokratischer Antiautoritarismus. Dieses humanistische Motiv wird immer noch verkannt, ist aber für das Verständnis von Rortys Werk zentral.

Rorty lesen will darüber hinaus einen Anstoß geben, die Rorty-Rezeption in Deutschland voranzubringen. Gegen Rortys eigenes Selbstverständnis wird folgender Vorschlag für eine *systematische* Interpretation gemacht: Sein Werk stellt den Versuch einer instrumentalistischen Balance von privater Romantik und öffentlichem Pragmatismus dar. Diese ist zwar spannungsreich, aber tragfähig. Und für eine fruchtbare Rorty-Lektüre ist es entscheidend, seinen Versuch einer Verknüpfung seines romantischen mit seinem pragmatischen Impuls als Ausgangspunkt zu nehmen.

Im Anschluss an diese Einleitung wird im *zweiten Kapitel* in Rortys Kritik des Repräsentationalismus und seine revolutionäre Version des (Neo-)Pragmatismus eingeführt. Für ihn ist vor allem der exklusive Fokus auf die kontextualistische Rechtfertigungspraxis kennzeichnend. Sein transformativer Charakter wird anhand von Rortys Umgang mit der Wahrheitsfrage aufgezeigt.

Das *dritte Kapitel* rekonstruiert zunächst die zentralen Elemente der starken romantischen Dimension von Rortys Denken. Dann wird der systematische Interpretationsvorschlag dieses *essentials* vorgestellt: Rortys Denken ist am besten zu lesen als instrumentalistische Kombination von Romantik und Pragmatismus.

Im *vierten Kapitel* wird der für Rortys Neopragmatismus charakteristische transformative Anspruch vertieft. Rorty zielt auf eine Änderung unserer Sprachpraxis und damit unseres Selbstbildes im Dienst der liberalen Demokratie. Dieser Anspruch zeigt sich besonders in der Utopie einer post-metaphysischen liberalen Kultur in *Kontingenz, Ironie und Solidarität*.

Anhand einer detaillierteren Interpretation der liberalen Ironikerin im *fünften Kapitel* wird die Fruchtbarkeit der hier angebotenen Lesart von Rortys Denken weiter plausibilisiert. Die zentrale Figur seines zweiten Hauptwerks ist eine Verkörperung seiner Vision einer lebenspraktischen Balance von privater Romantik und öffentlichem Pragmatismus. Die *Schlussbetrachtung* enthält eine Zusammenfassung der Ergebnisse dieses *essentials*. Darüber hinaus wird Rortys demokratischer Antiautoritarismus als ethisch-politische Motivation seines transformativen Projekts betont. *Rorty Lesen* endet mit einem Vorschlag zum Weiterlesen: Wir sollten das pragmatische Kriterium auf Rortys Denken selbst anwenden. Was wären dessen praktischen Konsequenzen für unsere liberale Kultur?

Revolutionärer Sprachspielpragmatismus nach dem *linguistic turn*

Dieses Kapitel stellt Rortys antirepräsentationalistische Kritik an der traditionellen (Sprach-)Philosophie als Erkenntnistheorie vor. Es führt ein in die Grundzüge seiner neopragmatistischen Alternative, so wie sie in folgender Auflistung zusammengefasst sind:

Hauptmerkmale der (neo-)pragmatistischen Dimension:
- Antirepräsentationalistische Kritik an den Vorstellungen von „Geist" oder „Sprache" als Medien der Abbildung
- Verabschiedung der traditionellen (Sprach-)Philosophie als inkonsistente Verschränkung von Repräsentationalismus, Essenzialismus und Fundamentalismus
- Sprache als Werkzeug – Radikaler Sprachpragmatismus mit der instrumentalistischen Generaldevise „Nutzen statt Widerspiegelung"
- „Auch nur eine Spezies, die ihr Bestes tut." – Naturalistischer Neopragmatismus als konsequente Anerkennung des Darwinismus
- Einbettung des Instrumentalismus in einen kommunitaristischen Sprachspielpragmatismus: Holismus und Pluralismus der Rechtfertigung.
- Keine Naturalisierung, sondern eine Sozialisierung der Erkenntnistheorie mit einer Philosophie des Gesprächs: Fokus allein auf die Rechtfertigungspraxis
- Transformativer Anspruch: Nicht nur Kritik der Korrespondenztheorie und sprachpragmatistische Rekonstruktion des Wahrheitsbegriffs, sondern Verabschiedung der Wahrheitstheorie: Rechtfertigung *statt* Wahrheit

© Springer Fachmedien Wiesbaden GmbH, ein Teil von Springer Nature 2021
M. Müller, *Rorty lesen*, essentials,
https://doi.org/10.1007/978-3-658-33550-2_2

2.1 Antirepräsentationalismus als Kritik der Verschränkung von Repräsentationalismus, Essenzialismus und Fundamentalismus

Die amerikanische Philosophie des Pragmatismus ist alles andere als eine einheitliche Schule. Ein gemeinsamer Grundzug des pragmatistischen Denkens ist jedoch die Kritik des cartesianischen Skeptizismus und Fundamentalismus. René Descartes' radikaler Skeptizismus und der Dualismus von Subjekt und Welt werden als Folge der illusionären Loslösung des Denkens von der Praxis betrachtet. Unisono kritisieren alle Pragmatisten das Prinzip des radikalen methodischen Zweifels und das Programm, aus der Selbstgewissheit des denkenden Ich das Fundament der Erkenntnis zu gewinnen. Sie plädieren dagegen, den realen Zweifel als Ausgangspunkt zu nehmen. Das Erkennen bleibt bei ihnen in realen Problemsituationen verankert. Pragmatisten vertreten die Thesen der Unselbständigkeit der theoretischen Vernunft und des Primats der Praxis. Die Vorstellung eines interessenlosen Denkens, das über allen Niederungen der Praxis schwebt, ist für sie illusionär. Erkenntnis und Wissen gelten nicht als Selbstzweck, sondern werden mit dem Handeln verknüpft. Das Primat der Praxis konkretisiert sich im Vorrang der endlichen Akteursperspektive gegenüber der unerreichbaren Idee einer Gottesperspektive (u. a. Putnam 1993, S. 156–157).

Rortys Variante der pragmatistischen Kritik an der traditionellen Philosophie als „Zuschauertheorie des Erkennens" (Dewey 1998, S. 27) firmiert unter der Selbstbezeichnung Antirepräsentationalismus. Er wird nicht müde, die Verschränkung von Repräsentationalismus, Essenzialismus und Fundamentalismus zu kritisieren. Zentraler Ausgangspunkt ist dabei für ihn die Kritik am Gedanken der Repräsentation. Nach diesem ist Erkenntnis die korrekte Darstellung oder Vorstellung der Realität im Bewusstsein. Rortys inzwischen berühmt gewordene Metapher dafür ist die des Spiegels der Natur (SN, S. 22). Die Philosophie als Erkenntnistheorie wird nach Rorty bis heute von dieser Idee gefangen gehalten. Sein erstes Hauptwerk mit dem gleichnamigen Titel enthält eine polemische Philosophiegeschichte über die Erfindung des *Repräsentationalismus* vor allem durch Descartes, Locke und Kant.[1] Das Provozierende aber von *Der Spiegel der Natur* liegt vor allem in der Diagnose, dass auch der *linguistic turn* nichts daran geändert habe. Nach der Wende von der Bewusstseins- zur Sprachphilosophie im zwanzigsten Jahrhundert sei die Philosophie noch immer im Bann der Spiegelmetapher. Die Sprache habe nur das Bewusstsein als das zu untersuchende Medium der

---

[1] Zur ideengeschichtlichen und systematischen Argumentation in *Der Spiegel der Natur* siehe Tartaglia 2007.

Abbildung abgelöst. Damit sei aber das Bild von der „Erkenntnistheorie-plus-Metaphysik" (SN, S. 152) nur geringfügig variiert worden. Deshalb bleibe die Gegenwartsphilosophie auch in den Sackgassen der neuzeitlichen Philosophie als Erkenntnistheorie stecken.[2] Die repräsentationalistische Philosophie steht nach Rorty zudem weiterhin im Bann von Platons Dualismus von Wesen und Erscheinung. Sie beanspruche als *Essenzialismus*, die richtige Methode zum wirklichen Sosein der Dinge weisen zu wollen. Denn die Idee des „Spiegels der Natur" sei Ausfluss des essenzialistischen Bildes vom Menschen als dem Erkenner von Wesenheiten. Und der erkenntnistheoretische Kern dieses Bildes bestehe im Realismus, das heißt in der Idee einer deutungsfreien Bezugnahme auf die Wirklichkeit an sich (SN, S. 176–177, 387, 395; WF, S. 8). Diese Idee wird von Rorty nicht nur ideengeschichtlich entlarvt, sondern auch intern widerlegt. Er stützt sich dabei auf Argumente von Klassikern der analytischen Philosophie wie Wilfrid Sellars, Willard Van Orman Quine und Donald Davidson. Das Hauptargument ist das der Nichthintergehbarkeit der Sprache: Es ist nicht möglich, einen klaren Schnitt zwischen Sprache und Wirklichkeit zu machen. Selbst unsere Rede von der Wirklichkeit an sich ist nur die Rede von einer „Wirklichkeit-unter-einer-Beschreibung" (SN, S. 409). Das realistische Modell der Erkenntnis basiere daher auf einem begrifflichen Fehler. Und mit seiner inkonsistenten Grundidee der Repräsentation produziere es unweigerlich den erkenntnistheoretischen Skeptizismus (SN, S. 51; ORT, S. 155; WF, S. 186).

Die traditionelle Philosophie als Erkenntnistheorie ist nach Rorty gekennzeichnet und motiviert durch einen philosophischen *Fundamentalismus*. Man beansprucht, die zeitlosen und unkorrigierbaren Strukturen menschlichen Wissens methodisch aufzudecken. Durch dieses Auffinden der Fundamente des Erkennens und auch der Moral erhebe sich die Philosophie zur Fundamentaldisziplin. Deren Vollendung ist das Bild der Philosophie als einer Disziplin, die über alle Kulturbereiche zu Gericht sitzt und ihnen einen angemessenen Platz zuweist. Die Erfindung und Konsolidierung dieses Bildes schreibt Rorty Kant und dem Neukantianismus zu. Er spricht deshalb von der „Kantischen Konzeption von der Philosophie als Fundamentalwissenschaft" (SN, S. 15, vgl. S. 178, 182–183). In seinen Augen handelt es sich aber beim erkenntnistheoretischen Fundamentalismus nur um eine Apologetik. Es ist der Versuch, bestimmte zeitgenössische Sprachspiele – allen voran die Naturwissenschaften – zu verabsolutieren. Dieser

---

[2]Diese Kritik wird von den anderen Neopragmatisten geteilt, siehe u. a. Habermas 1999, S. 17, 36.

Versuch des Aufklärungsrationalismus ist nach Rortys dekonstruktiver Geistes-
geschichte einst nützlich gewesen im Kampf der Etablierung der empirischen
Naturwissenschaften gegen die Macht der Kirche. Inzwischen habe er sich
aber überlebt (SN, S. 19–20, 359–363; KIS, S. 84–85). Rortys pragmatistische Alternative für den philosophischen Fundamentalismus lautet: Fallibilismus.
Alles Wissen ist vorläufig und fehlbar. *Jede* unserer Überzeugungen, die sich
im Augenblick in der Praxis bewähren, kann sich im weiteren Verlauf der
Forschung als falsch herausstellen – allerdings nicht alle auf einmal. Der car-
tesianische Dualismus absolut/relativ wird durch das pragmatische Wechselspiel
von Für-wahr-Halten (belief), konkretem Zweifel (doubt) und neu gewonnenem
Für-wahr-Halten unterlaufen. Dadurch gelingt die komplexe Grundidee eines
Fallibilismus ohne Relativismus. Nach dem bekannten Neopragmatisten Hilary
Putnam ist diese Idee vielleicht die grundlegende Einsicht der Pragmatisten
(Putnam 1995, S. 31; dazu Nagl 1998, S. 10–13). Damit wird sowohl der Fundamentalismus mit seinem Glauben einer absoluten Grundlage der Erkenntnis
vermieden als auch der Relativismus, der sich als logische Konsequenz aus der
Einsicht in die Unhaltbarkeit des Fundamentalismus versteht, dabei aber immer
noch im Denkrahmen des Repräsentationalismus verhaftet ist.[3]

2.2 Eine sprachphilosophische Erneuerung des Instrumentalismus und die starke naturalistische Dimension von Rortys Denken

Als radikale Alternative zum Repräsentationalismus erneuert Rorty John Deweys
Instrumentalismus (u. a. 1998, S. 219–222) sprachphilosophisch. Überzeugungen
werden nicht mehr als Abbilder der Realität, sondern als Werkzeuge im Umgang
mit ihr verstanden. Denken und Wissen sind komplexe Instrumente der Anpassung. Die instrumentalistische Devise lautet nach Rorty: „Substituting coping for
representing" (Rorty in Brandom 2000, S. 89). Der Kern seiner sprachphilosophischen Erneuerung des Instrumentalismus ist das Bild der Sprache als Werkzeug.
Sprache wird nicht mehr als Medium der Abbildung, sondern als Werkzeug
für das Handeln in der Welt aufgefasst (EHO, S. 3). Mit dem Instrumentalismus überträgt Rorty den Utilitarismus von der Moral auf die Erkenntnistheorie.
Nicht die Repräsentation der Wirklichkeit, sondern die im Problemlösen bewie-
sene Nützlichkeit wird zum alleinigen Maßstab und Ziel des Erkennens. Typisch

---

[3]Dennoch ist der Vorwurf des Relativismus gegen Rorty nicht verstummt, siehe etwa Putnam
1993, S. 243–245.

pragmatistisch wird nicht mehr nach dem Ursprung von Überzeugungen, sondern nach deren Folgen für die (Lebens-)Praxis gefragt: „Pragmatisten sollten immer die Frage stellen: „Welchen Nutzen hat das?", und nie die Frage: „Ist es wirklich so?"" (WF, S. 66). Das bedeutet für Rorty, dass Fragen der Ontologie abgelöst werden durch Fragen der „Kulturpolitik" im Dienst der eigenen, liberalen Sprachgemeinschaft. Hier gehe es um Fragen darüber, welche Sprachspiele gespielt werden sollten, um deren Werte zu fördern.[4] Rorty radikalisiert mit seinem sprachphilosophischen Instrumentalismus zugleich die pragmatische Wahrheitstheorie von William James (1994, S. 36–41, 123–150). Denn er lässt die Unterscheidung zwischen der Suche nach Wahrheit und der Suche nach Glück fallen. Alleiniges Ziel seines radikalen erkenntnistheoretischen Utilitarismus ist die Nützlichkeit: „Das Ziel der Forschung ist der Nutzen." (HSE, S. 47).

Rortys sprachphilosophischer Instrumentalismus ist wie die Theorien aller klassischen Pragmatisten eine Form des Naturalismus. Er ist eingebettet in die Sicht des Menschen als einem Organismus unter anderen, der im Prozess der kausalen Interaktion mit seiner Umwelt steht. Sprache ist dabei nur das für die Spezies Mensch spezifische Werkzeug der Anpassung. „Als brave[r] Anhänger Darwins" (WF, S. 59) bezieht Rorty sich immer wieder auf die darwinistische Evolutionstheorie. Sein Motto lautet: Darwin statt Erkenntnistheorie. Seine theoretische Schlüsselunterscheidung ist dabei diejenige zwischen Kausalität und Rechtfertigung. Deren naturalistische „Seite" besteht in folgender These: „Die Beziehung zwischen unseren Wahrheitsansprüchen und dem Rest der Welt [ist] nicht repräsentational, sondern kausal. Wir werden durch kausale Einflüsse dazu gebracht, bestimmte Überzeugungen zu vertreten." (HSE, S. 24).

Rorty spricht vom Druck „kausaler Zwänge" (HSE, S. 23) durch die Welt. Er erklärt sogar, dass die meisten Dinge von uns unabhängig seien, aber eben in kausaler und nicht in repräsentationaler Hinsicht. Alles was nötig sei, um der realistischen Intuition gerecht zu werden, liefere der Common Sense und die Naturwissenschaften im Rahmen eines naturalistischen Weltbildes. Dem *philosophischen* Realismus soll durch eine naturalistische Sicht der Umweltinteraktion des Menschen der Boden entzogen werden.

Die Auffassung, dass wir mit der Welt nur kausal verbunden sind, leitet Rorty aus der oben schon erläuterten These der Nichthintergehbarkeit der Sprache ab:

---

[4] Ein prominentes Beispiel hierfür ist für Rorty die Frage nach dem gesellschaftlichen Schaden durch die Religion bzw. religiöser Institutionen: „Die ontologische Frage nach der Existenz Gottes sollten wir [...] durch die Frage nach der kulturellen Erwünschtheit des Redens über Gott ersetzen." (PKP, S. 52) In der Frage der Religionskritik hat Rorty konsequenter Weise seine Position dementsprechend revidiert: Vom Atheismus zum Antiklerikalismus. Siehe dazu Müller 2017.

Es gibt keine Möglichkeit, das komplexe Netz kausaler Verknüpfungen zwischen menschlichen Organismen und dem Rest des Universums zu zerteilen und deren objektiven Gehalt zu bestimmen. Dieselbe „Kausalbeziehung-unter-einer-Beschreibung" (WF, S. 128) kann entsprechend des jeweiligen Zwecks eines Vokabulars auf ebenso viele Weisen erklärt werden, wie es Möglichkeiten der Beschreibung der zueinander in Beziehung stehenden Dinge gibt. Aus diesem Grund fallen die Objekte und ihre kausalen Kräfte als nutzlos für die Erklärung von Wissensansprüchen heraus (u. a. WF, S. 128). Unsere Umwelt kann uns veranlassen, Meinungen zu haben, sie kann diese jedoch nicht rechtfertigen: „Es gibt zwar Ursachen der Aneignung von Überzeugungen und Gründe der Beibehaltung oder Änderung von Überzeugungen, aber Ursachen der *Wahrheit* von Überzeugungen gibt es nicht." (KOZ, S. 62, vgl. S. 42).

Rortys radikaler Sprachpragmatismus beansprucht für sich generell, endlich die Konsequenzen aus dem (nicht-teleologischen) Darwinismus zu ziehen. Mit Darwin geht Rorty von einem gleitenden Übergang zwischen Tieren und dem Menschen als Zufallsprodukt der Evolution aus. Dessen Spezifikum sei lediglich die Fähigkeit zur Kooperation durch Sprachbenutzung, nicht die Fähigkeit der Repräsentation. Rorty will eine neue Selbstbeschreibung des Menschen vorschlagen, die in Übereinstimmung mit dem Darwinismus und dessen These steht, dass der Unterschied zwischen den übrigen Tieren und uns lediglich in der Komplexität unseres Verhaltens liegt. Der Mensch ist für ihn schlicht ein etwas komplizierteres Tier. Naturalisierung heißt für Rorty, den Menschen konsequent in einem Kontinuum mit der übrigen Natur, mit den Fähigkeiten niedrigerer Tiere zu sehen – und damit als durch und durch zeitlich und kontingent. Das Unterscheidungsmerkmal des Menschen nach dieser naturalistischen Kontinuitätsthese ist allein dessen Fähigkeit der Sprachbenutzung (WF, S. 69–71; PZ, S. 14).[5] Dabei sei diese Entwicklung sprachlichen Verhaltens leicht in naturalistischen Begriffen erklärbar. Denn „Sprache" stelle im Unterschied zu „Bewusstsein" oder „Geist" ein soziales Verhalten dar, dessen allmähliche Entwicklung zumindest spekulativ zurückverfolgt werden könne. Trotz seiner (meta-)linguistischen Fähigkeit habe die Spezies Mensch keine privilegierte Stellung gegenüber den anderen Tieren. Der Mensch wird von Rorty als kluges Tier betrachtet, ohne den Besitz von „Geist" oder Ähnlichem als einer Extra-Substanz. Menschliches Denken wird entsprechend nur als Fähigkeit angesehen, satzförmige Einstellungen zu haben und zuschreiben zu

---

[5]Die spezifische Differenz der Spezies Mensch ist nach Rorty genauer die Fähigkeit zum *meta*linguistischen Verhalten. Der Organismus Mensch könne sich nicht nur vermittels Zeichen verständigen. Er sei darüber hinaus in der Lage, sich auch noch in Zeichen über ihren Zeichengebrauch zu verständigen und damit bei der Koordination seiner Handlungen soziale Normen explizit machen (HSE, S. 61).

können. Nach Rortys naturalistischer Sicht wird „Denken" als der Gebrauch von Sätzen zu einem doppelten Zweck aufgefasst: um kooperative Projekte zu organisieren und um unseren Mitmenschen innere Zustände wie Überzeugungen und Wünsche zuzuschreiben (u. a. WF, S. 429–430; PSH, S. 268).
Rortys naturalistische Betrachtung der Sprache will ihre essenzialistische Überhöhung vermeiden. „Sprache" sei nur eine:

> knappe Bezeichnung für jene komplizierten Arten von wechselseitiger Einflussnahme, die die höheren Menschenaffen auszeichnen. Charakteristisch für diese interaktiven Handlungen ist der Gebrauch komplexer Geräusche und Zeichen zur Erleichterung von Gruppentätigkeiten; die Zeichen dienen als Instrumente zur Koordinierung des Tuns der einzelnen. (HSE, S. 60; vgl. EHO, S. 3, 68; CP, S. xxi)

„Die Sprache" ist also für Rorty schlicht das spezifische Werkzeug der Spezies Mensch. Damit schließt sich der Kreis. Wir sind wieder bei dem am Beginn dieses Kapitels besprochenen Instrumentalismus als der entscheidenden Dimension seines antirepräsentationalistischen Neopragmatismus angelangt. Wie seine Mentoren James und Dewey versucht Rorty rigoros, die für die traditionelle Erkenntnistheorie und Metaphysik verheerenden Konsequenzen der Evolutionstheorie, beziehungsweise genauer einer naturalistischen Sicht menschlicher Wesen, durchzudenken (HSE, S. 63, 67).

Sein naturalistisches „Hinausdrängen" des erkenntnistheoretischen Realismus aus der Philosophie hat den Vorwurf provoziert, dass Rorty einen reduktionistischen Physikalismus und Darwinismus vertrete. Diesem Vorwurf begegnet er damit, dass natürlich auch das Vokabular des Darwinismus nicht mehr als nur eine nützliche Beschreibung sei. Für ihn ist das darwinistische Menschenbild ein nützliches Werkzeug, um die repräsentationalistische Vorstellung vom Menschen als dem einzigen erkennenden Wesen zu untergraben. Der philosophische Nutzen des Darwinismus bestehe insbesondere darin, die erkenntnistheoretische Debatte um den Skeptizismus beenden zu können. Es handelt sich also bei Rorty um einen *taktischen* Darwinismus. Es geht ihm um den Nutzen, nicht um die Wahrheit der Evolutionsbiologie.[6] Der Instrumentalismus wird nicht in den Darwinismus integriert. Er wird in einer zirkulären Denkstruktur – unter Vermeidung des Selbstwiderspruches – auch auf den Darwinismus angewendet.

---

[6]Tartaglia (2007, S. 207) spricht daher von einem *taktischen* Naturalismus bzw. Physikalismus bei Rorty.

2.3 Holismus und Pluralismus der Rechtfertigung – Rortys Sozialisierung der Erkenntnistheorie

Auch Rortys Instrumentalismus muss eine Antwort auf das zentrale Problem der Bestimmung des Nutzens geben. Die Beantwortung der Frage „Nützlich wozu?" ist nach ihm jedoch nicht generell möglich. Sie ist vielmehr pragmatisch von Fall zu Fall zu klären, und zwar mit Bezug auf den Kontext einer gemeinschaftlichen Sprachpraxis. Rortys sprachphilosophischer Instrumentalismus geht nicht von *der* Sprache als Bezugsgröße aus, sondern von einer Vielfalt an Sprachspielen. Sein Instrumentalismus ist eingebettet in einen kommunitaristischen Sprachspielpragmatismus.[7] Der zentrale Begriff ist hier der des Vokabulars. Dabei handelt es sich um eine Weiterführung des Wittgensteinschen Sprachspielbegriffs. Vokabulare sind für Rorty gemeinsame Plattformen der sozialen Rechtfertigungspraxis. Rechtfertigung ist für ihn immer auf den Kontext des Vokabulars einer konkreten Sprachgemeinschaft bezogen. Als ironisch-provokative Selbstbezeichnung für seine kontextualistische Diskurstheorie wählt Rorty den Ausdruck „Ethnozentrismus". Es handelt sich hierbei um einen Ethnozentrismus der Rechtfertigung (SO, S. 27–28, 37).

Zu Rortys offen eingestandenem Ethnozentrismus gehört das Bekenntnis zur menschlichen Endlichkeit. Nicht nur die jeweiligen Kriterien der Rechtfertigung innerhalb von Vokabularen, sondern auch die gemeinsamen Vokabulare als Plattformen der Rechtfertigung selbst sind in seiner sprachpragmatischen Variante des Fallibilismus keine festen Fundamente des Wissens. Es handelt sich nur um „temporary resting places" (CP, S. xliii). Mit der ständigen Veränderung unserer Kriterien und Zwecke verändern sich auch die Vokabulare im Laufe der Geschichte. Rorty vertritt einen Historismus der Sprache: Auch die Sprache hat kein Wesen, sondern nur eine kontingente Geschichte. Dabei handelt es sich um ein kaum durchschaubares Wechselspiel zwischen Mensch, Sprache und Welt. Die Geschichte der Sprache beziehungsweise der Vokabulare einer Kultur ist auch nicht zweckgerichtet, da die Idee einer immer besseren Abbildung der Natur verabschiedet ist (KIS, S. 41) Rorty fasst seinen Historismus zusammen mit der These von der Kontingenz der Sprache: „Sprache [wird, M.M.] als historische Kontingenz verstanden, nicht als ein Medium, das allmählich die wahre Form der wahren Welt oder des wahren Selbst abbildet." (KIS, S. 94) Kein Vokabular kann für sich beanspruchen, die Sprache der Natur zu sein. Alle Vokabulare, verstanden als Werkzeuge für die Menschen und ihre Zwecke, sind wie diese

---

[7]Mehr zur kommunitaristischen Dimension von Rortys (politischem) Denken siehe Müller 2019.

kontingent und sterblich. Kontingenz ist Rortys antimetaphysischer Kampfbegriff gegen alle Fluchtversuche von Religion und Philosophie vor der Endlichkeit. Er wirbt für das Experiment, ohne Notwendigkeit leben zu lernen. Die Tugend für dieses Experiment ist für ihn Ironie.[8] Rorty vertritt auch einen Diskurspluralismus, der die Vielfalt der Vokabulare feiert. Für ihn ist zum einen die These der Inkommensurabilität von Vokabularen zentral. Vokabulare dienen den unterschiedlichsten Zwecken. Nach der Verabschiedung der Idee der Repräsentation als obersten Zweck entfällt ein überwölbendes Kriterium der Beurteilung. Es gibt kein Meta-Vokabular mehr, an dem sie gemessen werden können. Vokabulare als Ganze werden daher als inkommensurabel und gleichberechtigt betrachtet (u. a. SN, S. 344, 350; WF, S. 15).[9] Zugleich unterscheidet Rorty zwischen „normalem" und „nicht-normalem" Diskurs.[10] Bei ersterem handelt es sich um einen Diskurs innerhalb von Vokabularen. Nur hier ist Argumentation auf der Basis geteilter Kriterien möglich. Bei nichtnormalen Diskursen handelt es sich um Diskurse über Vokabulargrenzen hinweg, bei denen dies nicht der Fall ist. Hier sind erzählerische Neubeschreibung und die Verwendung von Metaphern erforderlich, um etwa zum Wechsel zwischen inkommensurablen Vokabularen zu motivieren (SN, S. 21, 348–349; KIS, S. 30–31).

Als Alternative zum Essenzialismus vertritt Rorty einen linguistischen Nominalismus und Holismus. Demnach resultierten alle vermeintlichen Wesenheiten und Notwendigkeiten nur aus dem Handlungskontext von Diskursen: „All essences are nominal." (ORT, S. 86) Rorty entwirft eine radikale Pragmatik, nach der sich Bedeutung allein durch die Verwendung in einem Sprachspiel bestimmt. Ein Begriff erhält seine Bedeutung nur innerhalb eines Netzes von sprachlichen Beziehungen, nicht durch den unmöglichen, direkten Bezug auf die außersprachliche Realität. Auch die sogenannten Gegenstände werden als Beziehungsgeflechte von Beschreibungen neubeschrieben (u. a. SN, S. 399; HSE, S. 46–50, 85; PZ, S. 124–125; KOZ, S. 39). Das Ganze dieser Beziehungen ist jeweils ein Vokabular. Dies ist die Grundthese von Rortys Holismus der Vokabulare. Dabei könne das Ziel der Forschung nur die kontextuelle Kohärenz *innerhalb* von Vokabularen

---

[8]Mehr dazu unten in Abschn. 4.3.

[9]Vor allem in der Auseinandersetzung mit Jean-Francois Lyotard besteht Rorty allerdings darauf, dass Inkommensurabilität nicht Unübersetzbarkeit bedeutet (ORT, S. 215–218; siehe bereits SN, S. 331, 385).

[10]Rorty generalisiert mit dieser Unterscheidung diejenige von Thomas Kuhn zwischen normaler und revolutionärer Wissenschaft. Zu Rorty und Kuhn siehe u. a. Tartaglia 2007, S. 178–185.

sein, da ein unabhängiges Testkriterium jenseits der Kohärenz unserer Behauptungen unerreichbar sei: „We cannot find a skyhook which lifts us out of mere coherence." (ORT, S. 38)
Die oben bereits erwähnte theoretische Schlüsselunterscheidung von Rortys Holismus ist die zwischen Kausalität und Rechtfertigung. Vor allem im Anschluss an Wilfried Sellars trennt Rorty strikt den Kausalvorgang des Erwerbs unserer Überzeugungen von der Frage ihrer Rechtfertigung. Er beharrt auf der „Kluft zwischen Erklärung und Rechtfertigung" (SN, S. 275). Unsere Beziehungen zu unserer Umwelt sind für ihn nur kausaler Art, nicht repräsentationaler Art. Sie können uns zwar veranlassen, Meinungen zu haben, diese aber nicht rechtfertigen. Selbst was als exakte Wiedergabe der Erfahrung gelte, sei eine Frage der jeweiligen Rechtfertigungsgemeinschaft. Mit Sellars und Davidson besteht Rorty darauf, dass Erkenntnis immer schon im „logischen Raum des Begründens" (SN, 176) verortet sei, da eine Überzeugung nur durch eine andere Überzeugung gerechtfertigt werden könne. Die Schlüsselidee lautet: Epistemische Autorität ist *allein* eine Funktion sozialer Sprachpraxis (SN, S. 279, 421–422; WF, S. 160, 189). Die Rechtfertigung von Überzeugungen wird ausschließlich als ein soziales Phänomen verstanden und nicht als Wechselwirkung zwischen erkennendem Subjekt und Wirklichkeit. Rortys radikaler Sprachpragmatismus stellt letztlich daher keine Naturalisierung, sondern eine *Sozialisierung der Erkenntnistheorie* dar: „Setzen wir Kommunikation, das Gespräch zwischen Personen, für Konfrontation, das Gegenüberstellen von Personen- und Sachverhalten, so können wir uns des Spiegels der Natur entledigen." (SN, S. 191, vgl. auch S. 198, 208) Er radikalisiert die auch von anderen Neopragmatisten geforderte „Anerkennung des ontologischen Vorrangs des Sozialen" (PKP, S. 35). Für ihn gilt: „Wahrheit und Wirklichkeit existieren um der sozialen Praktiken willen und nicht umgekehrt." (PKP, S. 21) Rorty hat schon früh dementsprechend den Pragmatismus bestimmt als

the doctrine that there are no constraints on inquiry save conversational ones—no wholesale constraints derived from the nature of the objects, or of the mind, or of language, but only those retail constraints provided by the remarks of our fellow inquirers. (CP, S. 165)

Diese (eigenwillige) Bestimmung betont das charakteristische Merkmal seiner Version des Neopragmatismus als einer Philosophie des Gesprächs: der exklusive Fokus auf die gemeinsame Sprachpraxis.
Rortys Holismus der Rechtfertigung kann dazu verleiten, seine Theorie als linguistischen Idealismus einzuordnen, der die realistische Intuition von der Existenz einer beschreibungsunabhängigen Außenwelt nicht rekonstruieren kann. Diese

Interpretation verkennt jedoch die oben skizzierte naturalistische Dimension von Rortys Denken und seinen Versuch, mit seinem Antirepräsentationalismus jenseits der erkenntnistheoretischen Unterscheidung von Realismus und Idealismus zu gelangen. Für die von ihm angestrebte konsequente Anerkennung des Vorrangs der Sprachpraxis ist er aber bereit, den Vorwurf des Widerspruchs zum Common Sense in Kauf zu nehmen. Rorty leugnet nicht die darin vorherrschende realistische Intuition einer von uns unabhängigen Welt. Stattdessen problematisiert er deren Status. Für ihn sind auch Intuitionen nur „Residua einer Sprachpraxis" (SN, S. 40) und der jeweilig vorherrschende Common Sense nur „eine Sammlung toter Metaphern" (KIS, S. 247). Das Ziel sollte daher keine Rekonstruktion des realistischen Common Sense sein, sondern dessen langfristige Veränderung.

2.4 Der transformative Charakter von Rortys Philosophie des Gesprächs: Rechtfertigung *statt* Wahrheit

Die Radikalität von Rortys Versuch einer Transformation unserer Sprachpraxis zeigt sich besonders deutlich in der Debatte um den objektiven Wahrheitsbegriff. Rorty lehnt die repräsentationalistische Korrespondenztheorie der Wahrheit ab: „Das Kernstück des Pragmatismus ist die Weigerung, die Korrespondenztheorie der Wahrheit gelten zu lassen, sowie die Vorstellung, Überzeugungen seien genaue Darstellungen der Realität." (PKP, S. 186) Seine interne Widerlegung dieser klassischen Theorie basiert auf dem bereits erwähnten Argument der Nichthintergehbarkeit der Sprache. Der Bezug des (metaphysischen) Realismus auf eine beschreibungsunabhängige Wirklichkeit ist demnach inkonsistent. Daraus folgt für Rorty, dass die intuitiv eingängige Vorstellung einer Übereinstimmung der Korrespondenztheorie der Wahrheit uneinlösbar ist und nichts zu erklären vermag.

Rortys Kritik der Korrespondenztheorie wird von allen Sprachpragmatisten geteilt. Das Besondere an seiner Position liegt darin, dass er keine alternative Theorie der Wahrheit formuliert. Er will vielmehr die philosophische Wahrheitstheorie verabschieden und plädiert für eine Art Quietismus: „Der Pragmatist vertritt keine Theorie der Wahrheit." (SO, S. 16; vgl. u. a. WF, S. 43) Pragmatisten sollten keine konstruktive, pragmatistische Theorie der Wahrheit formulieren. Vielmehr gelte es, in einer therapeutischen Einstellung, die traditionelle Wahrheitsproblematik zu verabschieden. Der philosophische Wahrheitsbegriff solle fallen gelassen werden, da er in theoretische Sackgasen führe, keinerlei praktischen Nutzen habe und kulturpolitisch sogar gefährlich werden könne (WF, S. 7–15, 22, 43; KIS, S. 29). Rorty empfiehlt als Alternative die sprachpragmatische *Beschränkung auf den Begriff der Rechtfertigung*. Wichtig ist dabei, dass er nicht vorschlägt, Wahrheit auf Rechtfertigung zu reduzieren. Die Devise seiner radikalen Variante des Neopragmatismus lautet vielmehr: Rechtfertigung *statt* Wahrheit. Auch Rorty konstatiert, dass die traditionelle Idee der Wahrheit absolut ist, Rechtfertigung hingegen immer relativ auf eine bestimmte Hörerschaft. Viele Pragmatisten (z. B. Peirce, Putnam und Habermas) folgern daraus die Notwendigkeit einer Konsenstheorie, die mit der Idee idealisierter Rechtfertigung operiert. Für Rorty führt dieser Weg wieder in eine metaphysische Sackgasse.[11] Die Absolutheit des Wahrheitsbegriffs ist für ihn kein Ansporn zur sprachpragmatischen Rekonstruktion, sondern gerade der Grund für seine Verabschiedung. Für ihn gilt, „dass *gerade die Absolutheit des Wahrheitsbegriffs ein triftiger Grund dafür ist,* „*wahr" für undefinierbar und eine Theorie über das Wesen der Wahrheit für unmöglich zu erachten"* (WF, S. 10, Herv. i. O.). Wahrheit könne aus dem gleichen Grund auch kein Ziel der Forschung sein, denn: „Rechtfertigung oder Begründung ist unser einziges Kriterium für die Anwendung des Wortes „wahr" […] Dementsprechend ist die Frage „Führen unsere Begründungsverfahren zur Wahrheit?" ebenso unbeantwortbar wie unpragmatisch." (WF, S. 11, vgl. S. 1, 10–11, 38, 57–58) Wir haben nach Rorty kein Kriterium für die Wahrheit unserer Überzeugungen losgelöst von der Rechtfertigungspraxis. Wahrheit sei natürlich nicht mit Rechtfertigung zu identifizieren, aber für die Sprachpraxis sei die philosophische Unterscheidung zwischen beiden nicht relevant. Rechtfertigung leiste ohnehin die ganze Arbeit. Die pragmatische Maxime wird daher auf den Wahrheitsbegriff selbst anwendet:

> Wenn etwas in praktischer Hinsicht keinen Unterschied macht, sollte es nach pragmatistischer Auffassung auch in philosophischer Hinsicht keinen Unterschied machen. Aufgrund dieser Überzeugung hegen die Pragmatisten Argwohn gegenüber der Unterscheidung zwischen Rechtfertigung oder Begründung einerseits und Wahrheit andererseits, denn diese Unterscheidung ist unerheblich für meine Entscheidungen darüber, was ich tun soll […] An der Rechtfertigung führt kein Weg vorbei. (WF, S. 27; vgl. u. a. HSE, S. 80)[12]

Rorty hat seine Position bezüglich der Wahrheitsfrage im Laufe der Jahre präzisiert, vor allem in der Diskussion mit Donald Davidson. Das Ziel einer Auflösung

---

[11]Zum „Familienstreit" mit dem kantianischen Neopragmatisten Jürgen Habermas über die Notwendigkeit der sprachpragmatistischen Rekonstruktion des Aspekts unbedingter Geltung und von regulativen Ideen wie „Wahrheit" und „Realität" siehe insbes. Habermas 1999, S. 246–270.

[12]Genau in diesem Sinne ist das in der Einleitung erwähnte, provozierende Zitat in SN, S. 197 zu verstehen, nach dem das wahr sei, was unsere *peers* als solches gelten lassen.

der traditionellen Wahrheitsproblematik bleibt bestehen. Der Ausdruck „ist wahr" hat für ihn weiterhin keine erklärende Funktion im Sinne der Korrespondenztheorie. Bestandteil seiner Fokussierung auf die Rechtfertigungspraxis wird aber die genauere instrumentalistische Analyse der Verwendung dieses Ausdrucks. Rorty konzentriert sich dabei auf zwei unentbehrliche, normative Verwendungsweisen: die billigende und die warnende (RR, S. 153–154; WF, S. 31, 88–89).[13] Entsprechend seines oben skizzierten Instrumentalismus betont er dabei die billigende oder auch empfehlende Verwendungsweise, in der die Nützlichkeit einer Überzeugung behauptet wird. Hierbei bezieht er sich mehrfach auf William James' Analogisierung der Wahrheit mit dem Guten: „William James hat gesagt: ‚Wahr' heißt alles, was sich auf dem Gebiet der intellektuellen Überzeugung aus bestimmt angebbaren Gründen als gut erweist.'" (WF, S. 29; vgl. WF, S. 186) Der wichtige warnende Gebrauch von „wahr" gegenüber einer allgemein in ihrer Nützlichkeit akzeptierten Überzeugung zeige sich in Sätzen wie „diese Überzeugung mag zwar für uns gerechtfertigt sein, aber vielleicht ist sie nicht wahr". Dieser fallibilistische Vorbehalt wird von Rorty aber schlicht als die Lücke zwischen dem wirklich Guten und dem möglich Besseren gedeutet: „Vom pragmatistischen Standpunkt läuft die Aussage, das, woran zu glauben jetzt für uns rational ist, sei womöglich nicht wahr, auf nichts weiter hinaus als die Aussage, jemand könne eine bessere Idee präsentieren." (SO, S. 14)

Auch um die wichtige warnende Verwendung von „wahr" zu erhalten, sei die Annahme einer erklärenden Funktion dieses Ausdrucks nicht erforderlich. Es reiche die Kontrastierung von gegenwärtigen und zukünftigen Auditorien und die Hoffnung auf bessere Formen der Rechtfertigung in der Zukunft: „Wir stellen das Wahre dem Gerechtfertigten gegenüber, um ein gegenwärtiges Auditorium samt seinen jetzigen Rechtfertigungsforderungen einem erhofften künftigen Auditorium gegenüberzustellen." (HSE, S. 129) Der warnende Gebrauch von „wahr" mahnt uns nicht, nach objektiver Wahrheit im Gegensatz zu bloß kontextualistischer Rechtfertigung zu streben. Er erfordert schlicht die Bereitschaft, unsere Ansichten auch vor jedem anderen Publikum zu verteidigen. Ziel müsse es daher sein, die Reichweite des kommunikativen „Wir" immer weiter auszudehnen. Rortys Motto lautet hier: (kommunikative) Solidarität statt Objektivität. Dabei versteht er seine Theorie als Artikulation (nicht als Begründung) des *offenen* Ethnozentrismus unserer westlichen Kultur. Diese habe aus den Fehlern ihrer Vergangenheit gelernt, selbstkritisch dem eigenen Ethnozentrismus zu misstrauen und das Gespräch für andere Stimmen offenzuhalten. Diese erlernte Offenheit brauche

---

[13]Eine dritte ist nach Rorty die zitattilgende Verwendungsweise. Diese sei aber allein für die Semantik relevant und dürfe nicht zur Erklärung der anderen beiden verwendet werden.

keine Orientierung an „der Wahrheit" als normativen, kontexttranszendierenden Bezugspunkt (ORT, S. 2, 204; WF, S. 75–78; SO, S. 11–15). Rorty schlägt als funktionales Äquivalent dafür die Forderung vor, das Gespräch der Kultur offen zu halten. Der freie Diskurs ist bei ihm nicht der Weg zum Ziel der Wahrheit, sondern wird zum Ziel an sich: „Die Liebe zur Wahrheit [sollte] als Liebe zum Gespräch verstanden werden." (PZ, 101; vgl. schon SN, S. 408–409).

Die starke romantische Dimension von Rortys Denken als Kombination von Romantik und Pragmatismus

3

Rortys instrumentalistischer und holistischer Sprachpragmatismus ist mit einer starken romantischen Dimension seines Denkens kombiniert. Deren Hauptmotive werden in diesem Kapitel vorgestellt und sind hier vorab stichpunktartig aufgelistet:

Hauptmotive der romantischen Dimension:
- Generelle Zustimmung zur Romantik als epochale Gegenbewegung zum Rationalismus der Aufklärung
- Das Bild des Menschen nicht als Erkenner von Wesenheiten, sondern als sprachschöpferisches Wesen
- Fortschritt nicht als Aufstieg zum Unbezweifelbaren (Platon), sondern als wachsende Vielfalt unserer (Selbst-)Beschreibungen (Emerson)
- Apotheose der Zukunft: Hoffnung auf eine bessere gemeinsame Zukunft statt auf immer genauere Erkenntnis der Wirklichkeit
- Die Feier der Fantasie als Motor des kulturellen Fortschritts und ihr kognitiver Primat vor der Vernunft
- Die Kulturgeschichte als kontingente Geschichte von („verbuchstäblichten") Metaphern
- Das Konzept von privater Autonomie durch poetische Selbsterschaffung
- Das Propagieren der ästhetischen Existenz des starken Dichters als Ideal des Menschen
- Die Forderung nach einer Poetisierung statt Verwissenschaftlichung der Kultur

© Springer Fachmedien Wiesbaden GmbH, ein Teil von Springer Nature 2021
M. Müller, *Rorty lesen*, essentials,
https://doi.org/10.1007/978-3-658-33550-2_3

Noch weniger als beim Pragmatismus ist *die* Definition des Begriffs „Romantik" möglich und sinnvoll. Hinzu kommt im Falle Rortys, dass er sich bei seinem Bezug auf das romantische Denken vor allem auf angloamerikanische Autoren wie Percy B. Shelley oder auch Ralph Waldo Emerson bezieht. Sein Bild der Romantik ist zugleich geprägt von Isaiah Berlins Sicht der Romantik als epochale Gegenbewegung zum Rationalismus der Aufklärung (PP, S. 46–49). Nach Berlin vertreten die Romantiker dabei eine Metaphysik der Tiefe und Unerschöpflichkeit. Diese wird von Rorty als Umkehrung des Platonismus abgelehnt. Er will, „die Romantik von den letzten Resten des deutschen Idealismus reinigen" (KIS, S. 203, Fn. 4). Zugleich schließt er aber an die romantische Kritik am Aufklärungsrationalismus an.

3.1   Der Mensch als sprachschöpferisches Wesen und die „Apotheose der Zukunft"

In Rortys eigenwilliger Kombination von Naturalismus und Romantik ist der Mensch als Teil der Natur ein (sprach-)schöpferisches Tier. Die Erfindung der Sprache ermögliche uns nicht nur, unser Glück durch sprachliche Neuerfindung zu vergrößern. Sie statte uns mit der quasi-göttlichen Fähigkeit aus, uns durch semantische Innovation selbst „gebären" zu können (HSE, S. 33). Die entscheidende Qualität des Menschen als Erzeuger von Beschreibungen ist nach dem romantischen Selbstbild, das Rorty uns vorschlägt, nicht die Fähigkeit des Erkennens, sondern sein Talent der Selbsterschaffung. Der Mensch als Dichter (seiner selbst) ist das besondere Tier, das sich durch Selbstbeschreibung in eigenen Begriffen selbst erschaffen kann und muss. Die befreiende moralische Lektion, die man von Darwin lernen sollte, besteht nach Rorty darin,

> dass der Unterschied zwischen uns und den Reptilien nicht darin besteht, dass diese sich bloß der Realität anpassen, während wir die Realität *erkennen*, sondern darin, dass wir uns der Realität sehr viel besser angepasst haben als sie, und zwar besser in dem Sinne, dass uns weit mehr an „Vielfalt und Freiheit" zu Gebote steht. (HSE, S. 34, Herv. i. O.)

Wie in der Einleitung bereits erwähnt, geht es Rorty um die Etablierung eines neuen Selbstbildes des Menschen. Das rationalistische Bild vom Menschen als „Erkenner von Wesenheiten" (SN, S. 398) soll abgelöst werden von einem neuen, romantischen Selbstbild des Menschen als „Erzeuger von Beschreibungen" (SN,

S. 409). Der Mensch soll sich als das kreative, nicht als das wissende Wesen verstehen und auf sein Vermögen zur sprachlichen Selbsterschaffung vertrauen. Aus der Verabschiedung des Bildes vom Menschen als dem erkennenden, wissenden Wesen folgt kein Blick in den Abgrund des Nichts, sondern eine kreative Befreiung des Sinns für die unendlichen Möglichkeiten der (Selbst-)Beschreibung in der Zukunft. Mit ihm könne die Einsicht in die eigene Endlichkeit gelindert werden (EHO, S. 132, 186; ORT, S. 17).

Dem klassischen Bestreben nach Ordnung, das der Sprache Geschlossenheit verleihen will, stellt Rorty das romantische Beharren auf die menschliche Freiheit gegenüber, durch sprachliche Kreativität aus Situationen der Abgeschlossenheit ausbrechen zu können. Er propagiert die Bereitschaft für den Sprung in einen Prozess unvorhersehbaren Wandels und das Vertrauen in die menschliche Fähigkeit, eine zukünftige Welt zu schaffen, in der mehr Vielfalt und Freiheit verwirklicht sind, als wir es uns zurzeit ausmalen könnten. Die Erfindung neuer Möglichkeiten des Menschseins soll Vorrang haben vor dem Bedürfnis nach Stabilität, Sicherheit und Ordnung. Der Raum des Möglichen erweitert sich mit jedem Mal, wenn ein neues welterschließendes Vokabular erfunden wird. Rorty plädiert deshalb auch vehement für einen Metaphernwechsel: „Statt Metaphern der Annäherung an etwas, das nicht wir selbst sind, sollten wir Metaphern der Erweiterung unser selbst verwenden." (PZ, S. 7) Rorty will Platons Bild des Aufstieges zum Unbezweifelbaren ersetzen durch Ralph Waldo Emersons Bild des endlos größer werdenden Kreise. Intellektueller Fortschritt sei dann kein Fortschritt zu immer besseren Repräsentationen von dem, was da draußen ist, sondern hin zu einer möglichst großen Vielfalt an Vokabularen, die nur in ihrer Nützlichkeit für das menschliche Glück unterschieden sind (PKP, S. 192–193, 208).

Ein zentrales Moment der Emersonschen Metapher der unendlichen Erweiterung und damit auch von Rortys romantischem Impuls insgesamt stellt das Zukunftsmotiv dar: „Was Novalis über die Romantik gesagt hat, kann man auch auf den Pragmatismus übertragen, nämlich, dass er die Apotheose der Zukunft ist." (HSE, S. 16) Rorty schließt an die romantische Apotheose des Unbekannten, des schwer Vorstellbaren und kaum Sagbaren an. Sein Ziel ist aber die „romantische Verzeitlichung des Unbedingten" (SE, S. 36–37). In Abgrenzung von platonischen und romantischen Metaphysikern zugleich gelte es nicht mehr vertikal, sondern horizontal zu denken (PKP, S. 159). Ein wesentliches Element des Pragmatismus stellt für Rorty die Bereitschaft dar, alle Fragen der Rechtfertigung der Zukunft anheimzustellen. Sie ermögliche es, alle griechischen und kantischen Unterscheidungen zu verdrängen. Die schlicht anmutende Unterscheidung zwischen der Vergangenheit und der Zukunft könne und solle an die Stelle der althergebrachten philosophischen Gegensatzpaare wie des Unbedingten und des Bedingten, des Absoluten und des Relativen, und insbesondere desjenigen zwischen Realität und Erscheinung treten. Während der Metaphysiker nach der Ewigkeit frage, richte der Pragmatist stattdessen den Blick auf die Zukunft: „Sofern der Pragmatismus überhaupt etwas Spezifisches an sich hat, dann dies: dass er die Begriffe der Realität, der Vernunft und des Wesens durch den Begriff der besseren menschlichen Zukunft ersetzt." (HSE, S. 16, vgl. S. 12–16, 22; WF, S. 252) Dieser für das pragmatische Denken insgesamt spezifische temporale Perspektivenwechsel wird von Rorty radikalisiert, indem er die Frage „Was kann ich wissen?" mit einer pragmatistischen Variation der Frage „Was kann ich hoffen?" ersetzt. Er propagiert das Motto „Hoffnung statt Erkenntnis". Die handlungsleitende Tugend der Hoffnung könne und solle an die Stelle der Sicherheit versprechenden Erkenntnis treten. Rorty schlägt vor, den platonistischen Versuch, der Zeit zu entrinnen, durch die Hoffnung zu ersetzen, wir könnten eine bessere Zukunft durch die Erfindung neuer Vokabulare hervorbringen. Diese gemeinsame *soziale* Hoffnung würde in einem pragmatistischen Utopia an die Stelle des Anspruches treten, die innere Natur der Wirklichkeit zu erfassen. Sich auf die Zukunft hin zu öffnen, Hoffnung zu haben, das heißt, an Verbesserung zu glauben, steht im Zentrum von Rortys melioristischem Denken (HSE, S. 24, 34; SL, S. 129).

3.2   Fantasie als Motor des kulturellen Fortschritts und Poetisierung der Kultur

Rorty folgt der Romantik uneingeschränkt in deren Kritik an der aufklärerischen Fixierung auf die Vernunft als der wesentlichen Fähigkeit des Menschen. In diesem Sinne sieht er auch seinen Pragmatismus als Fortsetzung der romantischen Reaktion auf die Verherrlichung der Naturwissenschaft durch die Aufklärung (KOZ, S. 46–47; EHO, S. 18). Für ihn dreht sich die Auseinandersetzung zwischen dem Rationalismus und der Romantik um die Frage, ob die Menschen ihr Wesen optimal verwirklichen, indem sie ihre Vernunft dazu benutzen, zu erkennen wie die Dinge wirklich sind, oder indem sie ihre Fantasie und Kreativität dazu benutzen, ihre Sprache und damit sich selbst zu verwandeln. Mit der literarischen Romantik und gegen den Rationalismus der Aufklärung geht Rorty von einem kognitiven Primat der Fantasie aus: „Das Kernstück der Romantik ist die These des Vorrangs der Phantasie gegenüber der Vernunft, das heißt die These, die Vernunft sei zu nichts weiter imstande, als von der Phantasie bereits gebahnten Wegen zu folgen." (PKP, S. 186) Die Fantasie gilt ihm als Fähigkeit, neue Metaphern und damit neue Vokabulare zu erschaffen. Sie ist der Ursprung der Sprache und damit auch der Freiheit (HSE, S. 25; KIS, S. 46, 118–119; PP, S. 6—15). Während die Vernunft eine Frage anerkannter Züge innerhalb von Sprachspielen ist, erschafft die Fantasie diese Sprachspiele. Insofern kann die Vernunft nur den Weg folgen, den die Fantasie geebnet hat, und nur die von dieser geschaffenen Elemente neu arrangieren. Sie kann nicht aus dem Kreis ausbrechen, den die Fantasie zuletzt gezogen hat. In diesem spezifischen Sinn hat die Fantasie für Rorty Priorität vor der Vernunft. Und in diesem Sinn versteht Rorty auch die Romantik als These über die Natur des menschlichen Fortschritts. Mit dem oben erwähnten Percy B. Shelley betrachtet er die Fantasie als das wichtigste Werkzeug des Guten. Denn für den kulturellen Fortschritt seien die Leistungen der schöpferischen Vorstellungskraft wichtiger als die Reflexionen der erkennenden und argumentierenden Vernunft:

> Was die Romantiker mit der Behauptung zum Ausdruck brachten, dass Phantasie, nicht Vernunft, das zentrale menschliche Vermögen sei, war die Erkenntnis, dass die Begabung, anders zu sprechen, nicht die Begabung, gut zu argumentieren, das Hauptinstrument kulturellen Wandels ist. (KIS, S. 28; vgl. PKP, S. 135–136; KOZ, S. 46; EHO, S. 14)

Bei seinem Anschluss an die romantische Feier der Fantasie grenzt sich Rorty allerdings von jeder Überhöhung und Vergötterung der Fantasie als Bindeglied mit etwas außerhalb unserer selbst durch „die Romantiker des Anderen der Vernunft" (PKP, S. 155) ab. Er trennt die Hochschätzung der Fantasie von der repräsentationalistischen Idee, diese sei als ein Ausdrucksvermögen auf das innere Wesen der Wirklichkeit (in uns) abgestimmt. Die Dichtung erfasst für ihn keine Wahrheit, die demgegenüber von der Philosophie nicht erfasst würde. Das menschliche Vermögen zur Erschaffung von Metaphern sei kein Beweis dafür, dass der Mensch gleichsam von einer anderen Welt ist. Die Fantasie ist nach Rortys antirepräsentationalistischem Verständnis nicht als Vermögen zur Erzeugung von Vorstellungsbildern zu betrachten, sondern als Fähigkeit zur Erschaffung neuer Zeichen und Laute, die sozial nützlich sind (KIS, S. 46, 73; PKP, S. 158, 190–194; PP, S. 14–15, 21).

In der Auseinandersetzung zwischen Aufklärung und Romantik ergreift Rorty auch deshalb Partei für die Romantik, weil er auf eine *Poetisierung* der Kultur hofft. Diese Hoffnung tritt an die Stelle der Hoffnung des Aufklärungsrationalismus auf Verwissenschaftlichung. Poetisierung der Kultur bedeutet für Rorty, dass Dichtung und Fantasie den Sieg über die (wissenschaftliche) Vernunft errungen haben. Dichtung und nicht Wissenschaft würde zum Paradigma menschlichen Handelns. In den romantischen und demokratischen Kulturen des Westens sei es inzwischen möglich, an Stelle von Widerspiegelung Selbsterschaffung im Sinne Emersons in einem gemeinschaftlichen Maßstab zur leitenden Devise zu machen. Rorty vertritt unter Berufung auf John Dewey die Vision einer Gesellschaft, die vom Ideal ästhetischer Steigerung und nicht mehr vom dem objektiver Kognition dominiert wird (SN, S. 23; HSE, S. 25; KIS, S. 98, 117–118). Für die greifbare Möglichkeit einer solchen Gesellschaft ist die Bewegung der Romantik nach Rorty zentral gewesen. Diese hätte, gemeinsam mit der Französischen Revolution in der Sphäre der Politik, die Menschen gelehrt, dass „die Wahrheit" gemacht, nicht gefunden wird. Kunst werde seitdem nicht mehr als Imitation, sondern als Selbsterschaffung des Künstlers aufgefasst. Denn „die romantischen Dichter erstrebten Glückseligkeit durch Selbsterschaffung, indem sie sich selbst eher als Lichtquellen denn als Spiegel verstanden." (PZ, S. 107)

3.3 Kulturgeschichte als kontingente Geschichte von „verbuchstäblichten" Metaphern

Die romantische Sicht der Sprache und des kulturellen Fortschritts wird von Rorty konkretisiert durch eine Metapherntheorie. Für ihn wird der kulturelle Fortschritt der Menschheit – verstanden als andauernder revolutionärer Wechsel von Vokabularen – angetrieben durch sich ablösende Metaphern. Der Begriff der Metapher steht neben dem des Vokabulars im Zentrum von Rortys Denken über Sprache. Die Kreativität und Fantasie des Metaphern produzierenden Wesen Mensch zeige sich in „der Fähigkeit des menschlichen Organismus, Sätze ohne Bedeutung zu äußern, das heißt Sätze, die nicht in die alten Sprachspiele passen und damit die Möglichkeiten erschließen, diese Sprachspiele zu modifizieren und neue zu schaffen" (KOZ, S. 70). Zu der oben besprochenen These der Kontingenz der Sprache, nach der diese keinen überwölbenden Zweck hat und kein Medium der Repräsentation ist, gehört der Gedanke, dass neue Vokabulare eher gemacht werden als gefunden; geschaffen werden sie durch die Erfindung von Metaphern. Kulturgeschichte wird damit zu einer Geschichte von Metaphern. Nur mit der revolutionären Erfindung neuer Metaphern gelingt der Ausbruch aus den bisherigen Vokabularen (KIS, S. 31, 40–41). Kultureller Fortschritt findet konkret statt durch die Übernahme ausgewählter Metaphern in den allgemeinen Sprachgebrauch, wodurch neue Vokabulare sich in der Sprachpraxis durchsetzen und in Werkzeuge des sozialen Fortschritts verwandelt werden. Die Geschichte der Kultur als Geschichte der Metapher wird dabei in Analogie zur biologischen Evolution als nicht-teleologischer Prozess betrachtet. Rorty veranschaulicht dies mit einem Vergleich mit der Entstehung eines Korallenriffs: „Alte Metaphern sterben ständig zur Buchstäblichkeit ab und dienen dann als Boden und Folie für neue Metaphern." (KIS, S. 41) Der intellektuelle Wandel geschieht durch ein Absterben alter Metaphern und dem Aufkommen neuer Metaphern und deren erneuten Absterben durch „Verbuchstäblichung" (KOZ, S. 69). Die Entstehung neuer sprachlicher Bilder ist kontingent. Zugleich ist sie jedoch auf den Nährboden der alten, inzwischen vertrauten Metaphern angewiesen und insofern parasitär:

> Metaphern sind unvertraute Verwendungen alter Worte, aber diese Verwendungen sind nur vor dem Hintergrund anderer alter Worte möglich, die weiter in vertrauter Weise gebraucht werden. Eine Sprache, die ganz und gar Metapher wäre, könnte nur eine Sprache ohne Nutzen sein, also keine Sprache, sondern bloß ein Lallen. (KIS, S. 80)

Wird die Verwendung der einstmals unvertrauten Metapher allmählich zur Gewohnheit, besetzt diese einen festen Platz im Sprachspiel und verliert ihren Metapherncharakter. Sie wird zur toten Metapher. Dabei ist von zentraler Bedeutung, dass für Rorty der Unterschied zwischen dem Buchstäblichen und dem Metaphorischen nicht eine Unterscheidung zwischen zwei Sorten von Bedeutung ist. Damit eine Metapher zum Begriff werde, sei nichts weiter nötig als die gewohnheitsmäßige Verwendung in einem Sprachspiel. Das heißt der „Ort" einer Metapher ist der nicht-normale Diskurs, in dem keine Argumentation möglich ist, der „Ort" der „Buchstäblichkeit" ist hingegen der normale, argumentative Diskurs innerhalb eines Vokabulars. Durch ihre Verbuchstäblichung hat die Metapher dann allerdings wieder diesen logischen Raum der Rechtfertigung und der Argumentation erweitert (KOZ, S. 68, 139; KIS, S. 43–46).

Mit seiner Metapherntheorie will sich Rorty von der künstlichen Gegenüberstellung zwischen der buchstäblichen Wahrheit der Wissenschaft und dem Metaphorischen der Kunst lossagen. Stattdessen solle man sich die Kulturgeschichte als ständigen Wechsel zwischen diesen beiden Bereichen vorstellen. Die kulturelle Entwicklung *aller* Kulturbereiche sei gekennzeichnet „durch den üblichen Wechsel […] zwischen ‚revolutionären‘, ‚literarischen‘, ‚poetischen‘ Augenblicken und normalen, banalen, konstruktiven Zwischenspielen" (KOZ, S. 131, vgl. S. 70–71). Entscheidend seien die Situationen, in denen alles gleichzeitig zur Debatte steht. Die Motive ebenso wie die Begriffe, in denen die Diskussion geführt wird, bilden ihrerseits ein Hauptthema der Auseinandersetzung. Eine neue Generation ist mit einem alten Vokabular aufgrund einer großen Anzahl an Anomalien derart unzufrieden, dass sie einen Neubeginn für erforderlich hält. Dies ist der Zeitpunkt, an dem sich nach Rorty ein „poetischer Augenblick" (KOZ, S. 110) einstellt, und das bisher anerkannte Vokabular beiseitegeschoben wird. Durch eine revolutionäre Strömung wird eine neue Sprechweise eingeführt und es etabliert sich ein neuer normaler Diskurs. Dies gilt aber nur so lange, bis die nächste unzufriedene Generation ihn wiederum problematisiert (KOZ, S. 111, 131–132).

Nach Rorty sind die Gegensätze zwischen dem Wissenschaftlichen und dem Literarischen sowie zwischen Ordnung und Freiheit als Pole einer andauernden Pendelbewegung aufzufassen zwischen dem Klassischen und dem Romantischen. Es handelt sich um eine Art kultureller Arbeitsteilung, in der die Dichter unsere Vokabulare und Sichtweisen auf unvorhergesehene Weise erweitern, während andere anschließend wieder für Ordnung sorgen. Diese Arbeitsteilung ergibt sich aus einem inneren Rhythmus, der jedes Fach und jeden Teilbereich der Kultur durchdringt: „Wir werden nie aufhören, hin und her zu schwingen zwischen diesem [klassischen] Augenblick und dem romantischen." (KOZ, S. 144–145; vgl. PZ, S. 168–169). Rorty grenzt sich damit vom leidenschaftlichen Romantizismus ab, der das Klassische überhaupt nicht gelten lasse. Er betont die Notwendigkeit und Unvermeidbarkeit *beider* Pole dieser kulturellen Pendelbewegung. Nichts desto trotz geht es seinem romantischen Impuls primär um die poetischen Augenblicke der Kulturgeschichte. Gegen die in seinen Augen nostalgische Neigung, sich der Sprache unserer Vorfahren zu bedienen und die sterblichen Hüllen ihrer Metaphern zu verehren, setzt seine Metapherntheorie auf die zentrale Bedeutung der kreativen Verfertigung neuer Metaphern (KOZ, 68; KIS, S. 50).[1]

3.4   Starke Dichter als geniale Erfinder von Metaphern

Die zentrale Figur von Rortys Romantizismus ist der avantgardistische *starke Dichter*. Kraft seiner Fantasie ist ein starker Dichter der Schöpfer neuer Worte und damit Former neuer Sprachspiele. Indem es diesen Ausnahmeindividuen gelingt, neue Vokabulare zu erfinden, verändern sie unsere Sichtweise auf die Welt und damit auch auf uns selbst. Daher sind starke Dichter wie etwa Luther, Kopernikus, Galileo, Darwin und Freud nach Rorty die „Vorkämpfer der Spezies" (KIS, S. 48).[2] Starke Dichter führen seltsame neue Bedeutungen altbekannter Ausdrücke ein, indem sie leichtsinnig mit Worten spielen und die bisherigen Regeln nicht mehr einhalten. Dadurch gelingt es ihnen, den Geschmack, nach dem sie

---

[1]Für seine (umstrittene) Darstellung der Wirkungsweise und Bedeutung von Metaphern bezieht sich Rorty auf Mary Hesse und Donald Davidson, siehe ORT, S. 162–172.

[2]Rorty adaptiert den Ausdruck „starker Dichter" *(strong poet)* von dem Literaturwissenschaftler Harold Bloom und erweitert die Bedeutung dieses Ausdrucks (KIS, S. 53–56, 98).

beurteilt werden, selbst neu zu schaffen. Ihre Sphäre ist die Rhetorik beziehungsweise die Poesie, nicht die Logik. Sie verwenden Metaphern statt Argumente
und lassen die literarische Fantasie spielen, um aus dem Bereich des Kognitiven
auszubrechen. Diese kreative Fähigkeit macht den starken Dichter zum eigentli-
chen Motor des intellektuellen Fortschritts als der Übernahme neuer Metaphern
in den allgemeinen Sprachgebrauch. Es geht Rorty zwar nicht um die Ablösung
des Philosophen durch den Dichter. Dennoch schließt er an die Rangerhöhung des
Dichtens und die Verherrlichung des schöpferischen Künstlers durch die Romantik an. Die Philosophen als Metaphysiker sind für Rorty nur die Fußnoten zu den
Dichtern. Gleich mehrfach zitiert er in diesem Zusammenhang Hölderlins Vers:
„Was aber bleibet, stiften die Dichter." (SE, S. 39) Man kann sagen, dass die Figur
des starken Dichters die romantische Seite des von ihm vorgeschlagenen neuen
Selbstbildes des Menschen verkörpert (ORT, S. 169; KOZ, S. 131; SE, S. 39).
   Rorty vertritt die Vision des Künstlers als Schöpfer von Bedeutung und
als moralisches Vorbild. Starke Dichter, gesellschaftlich erfolgreiche Metaphern-
Macher, sind für ihn im Anschluss an Percy B. Shelley „die nicht anerkannten
Gesetzgeber weltgeschichtlicher Epochen" (WF, S. 140). Dabei gelte es jedoch
zu beachten, dass der starke Dichter *erstens* bei seiner Fähigkeit, Metaphern neu
zu erfinden, auf den normalen Diskurs seiner Zeit angewiesen bleibt. Sprachliche
Selbsterschaffung kann immer nur marginal und parasitär sein. Diese Einsicht in
die Abhängigkeit auch des stärksten Dichters von den Gesprächspartnern der eigenen Kultur versteht sich als das Korrektiv zur romantischen Selbstvergöttlichung
des ästhetischen Subjekts. Der starke Dichter ist sich als Ironiker bewusst, dass
jeder Selbstschöpfer ohne Ausnahme immer auch selbst ein Geschöpf der Zeit
und des Zufalls bleiben wird. Damit will sich Rortys Romantik der Selbsterschaffung auch von Nietzsches Umkehrung des Platonismus in Gestalt des Ideals einer
vollständigen Autonomie durch Selbsterschaffung abgrenzen (KIS, S. 79–83; PZ,
S. 170).[3]
   Starke Dichter sind getrieben von der Angst, nur eine Replik zu sein beziehungsweise Darsteller einer Rolle in einem vorher geschriebenen Drehbuch. Aber
als geniale Ausnahmepersönlichkeiten gelingt es ihnen, bisher nicht dagewesene
Beschreibungen des eigenen Lebens und ihrer Kultur zu erschaffen. Bei ihren
genialen Metaphern handelt es sich um

Idiosynkrasien, die zufällig bei anderen Menschen auf fruchtbaren Boden fallen
– zufällig wegen der Kontingenzen einer historischen Situation, eines besonderen

---

[3] Rortys Ideals des schöpferischen Genies schließt eng an Ralph Waldo Emerson und Friedrich
Nietzsche an. Zugleich wird es durch den Bezug auf Sigmund Freud und Harold Bloom
entscheidend „demokratisiert" und kontingenztheoretisch „geschwächt".

Bedürfnisses, das eine bestimmte Gemeinschaft zufällig zu einer bestimmten Zeit hat. – Kurz: Fortschritt in der Kultur ergibt sich aus der zufälligen Koinzidenz einer privaten Zwangsvorstellung und eines weit verbreiteten Bedürfnisses. (KIS, S. 75, vgl. S. 53–57; SO, S. 5)

Kennzeichnend für Rortys Verknüpfung von Romantik und Pragmatismus ist, dass sie *zweitens* zwischen demjenigen unterscheidet, der Fantasie hat und demjenigen, der ein bloßer Phantast ist. Der entscheidende Unterschied zwischen beiden liege darin, ob die von ihm erfundene Metapher von seinen Mitbürgern angenommen und benutzt wird. Authentizität muss verbunden sein mit Nützlichkeit. Dichter werden nur dann zu Gründern und Umformern ihrer Kultur, wenn ihre Metapher einem undeutlich empfundenen Bedürfnis ihrer Sprachgemeinschaft Ausdruck verleiht (KIS, S. 110; PKP, S. 156, 190). Trotz dieser beiden Einschränkungen erweist sich Rorty mit seiner Figur des starken Dichters als Vertreter eines romantischen Individualismus. Er erneuert „den romantischen Begriff vom Menschen als dem Schöpfer seiner selbst" (SN, S. 388). Mit seinem ästhetischen Verständnis von Autonomie als andauernde poetische Selbsterschaffung schließt er an das romantische Selbsterschaffungsideal an (Habermas 2008, S. 16).

3.5   Das Ziel einer friedlichen Koexistenz von Romantik und Pragmatismus

Dieses Kapitel hat verdeutlicht, dass für Rortys Version des Neopragmatismus zwei Dimensionen zugleich kennzeichnend sind: eine pragmatistische *und* eine romantische. Der Vorschlag dieses *essentials* für eine fruchtbare Lektüre Rortys lautet entsprechend: Sein Denken lässt sich am besten verstehen als Versuch, eine friedliche Koexistenz von Romantik und Pragmatismus zu bewerkstelligen. Rortys starker romantischer Impuls[4] findet dabei sein limitierendes Gegengewicht in seinem pragmatistischen Impuls und umgekehrt. Rorty selbst spricht von einer „Verknüpfung" von Romantik und Pragmatismus in seinem Werk (PKP, S. 139, vgl. S. 186; PP, S. 61–62). Zu Rortys Verknüpfungsversuch gehört allerdings, dass er, wie oben gezeigt, nicht an die Romantik als idealistische Gegenbewegung zur Entzauberung der Welt in der Moderne anschließt. Vielmehr setzt Rorty auf die pragmatische Dienstbarmachung des Gedankens der Originalität als Mittel zur

---

[4]Rorty selbst stimmt der Diagnose zu, dass die romantische Dimension über die Jahre immer ausgeprägter geworden ist (RR, S. 473). Siehe dazu auch *The Fire of Life* (RR, S. 520–521). In diesem bewegenden, kurz vor seinem Tod verfassten Text betont er die Bedeutung der Poesie.

Steigerung des menschlichen Glücks. Er spricht sogar schon früh von einer Hegelschen Aufhebung der Romantik im Pragmatismus: „Romanticism was *aufgehoben* in pragmatism, the claim that the significance of new vocabularies was not their ability to decode but their mere utility." (CP, S. 153, Herv. i. O.) Ziel dieser Aufhebung im Dienst der demokratischen Gesellschaft ist ein fragiles „Gleichgewicht zwischen dem Bedürfnis nach Konsens und dem Bedürfnis nach Neuem" (PKP, S. 154). Seine Version des Pragmatismus als „Nachfolgebewegung der Romantik" (KOZ, S. 46) will sowohl dem letzteren Bedürfnis gerecht werden als auch dem nach intersubjektiver Übereinstimmung im Rahmen demokratischer Politik. Er verbindet Vernunftkritik und Feier der Fantasie mit Nützlichkeitsdenken und kommunikativer Solidarität.

Der Lektürevorschlag dieses *essentials* bewährt sich auch bei der Kritik von Rortys Denken. Denn seine „Collage" (ORT, S. 210) von Romantik und Pragmatismus ist spannungsreich. Bei den neuralgischen Punkten seines Denkens handelt es sich um Grenzkonflikte zwischen den beiden. An diesen Stellen sind zum Teil modifizierte Grenzziehungen zur Befriedung nötig, aber auch möglich. Dies gilt bezüglich Rortys theoretischem *und* praktischen Denken.[5] Rorty selbst ist sich durchaus der Spannung bewusst, die zwischen seinem romantischen und seinem pragmatistischen Impuls herrscht. Er begegnet dem tendenziellen Übergewicht des Ersteren vor allem mit einer Strategie der Privatisierung.

Die Fragilität des von Rorty angestrebten Gleichgewichts zwischen privater Vervollkommnung und öffentlichem Nutzen und auch die Stärke seines romantischen Impulses lässt sich am besten anhand einer kurzen Betrachtung von *Kontingenz, Ironie und Solidarität* belegen, so wie sie im folgenden Kapitel durchgeführt werden wird. Denn gerade die darin skizzierte Utopie einer wahrhaft liberalen Gesellschaft ist geprägt von der Vision einer Koexistenz – und nicht Synthese! – von Romantik und Pragmatismus, von ästhetischer Steigerung und Solidarität (u. a. PSH, S. 13–20; PP, S. 58; dazu auch Curtis 2015, S. 3, 129).

---

[5]Siehe dazu Müller 2014a.

Der transformative Charakter von Rortys Neopragmatismus am Beispiel seiner liberalen Utopie in *Kontingenz, Ironie und Solidarität*

4

Rortys transformativer Anspruch auf Veränderung unseres Selbstbildes und die Grundthese dieses *essentials* „Private Romantik und öffentlicher Pragmatismus" wird in diesem Kapitel plausibilisiert durch eine Skizze der Utopie einer postmetaphysischen liberalen Kultur in *Kontingenz, Ironie und Solidarität*.

4.1 Pragmatismus als Kulturpolitik mit transformativem Anspruch

In Rortys zweitem Hauptwerk konkretisiert sich auch der oben erwähnte transformative Anspruch seines Neopragmatismuses am deutlichsten. Anhand seines Umgangs mit der realistischen Intuition und der Begriff objektiver Wahrheit ist klargeworden, dass Rorty unsere Sprachpraxis nicht rekonstruieren, sondern verändern will. Die Standardkritik, dass Rortys Devise „Rechtfertigung statt Wahrheit" unsere Sprachpraxis nicht rekonstruieren könne, verkennt Folgendes: Anstelle der falliblen *Rekonstruktion* des Repräsentationalismus und der von diesem geprägten Sprachpraxis ist sein Ziel die ethisch und politisch motivierte *Transformation* unserer Sprachgewohnheiten durch Neubeschreibung. Mit Mike Sandbothe ist festzuhalten: Rortys transformativer Anspruch umfasst auch eine Neubestimmung philosophischer Tätigkeit. Er orientiert sich nicht mehr an den traditionellen Grundproblemen des Fachs, sondern bestimmt die Aufgabe philosophischen Denkens selbst neu. Die Philosophie erhält eine „transformative task" (PP, S. 29). Ihr Ziel lautet: „Veränderungen unserer Redeweise und damit Veränderungen dessen, was wir tun wollen und was wir zu sein glauben." (KIS, S. 47;

© Springer Fachmedien Wiesbaden GmbH, ein Teil von Springer Nature 2021
M. Müller, *Rorty lesen,* essentials,
https://doi.org/10.1007/978-3-658-33550-2_4

vgl. HSE, S. 67; PP, S. 29).[1] Dieses ehrgeizige Ziel unterscheidet Rorty auch von seinen neo-pragmatistischen Gegenspielern wie Hilary Putnam und Jürgen Habermas (Sandbothe 2000, S. 108–109, 116, 122–126).

Für sein transformatives Verständnis von Pragmatismus hat Rorty nach langem Suchen den Ausdruck „Kulturpolitik" gewählt. Sie ist für ihn keine Form des Wissens, sondern eine Frage der Praxis. Der Pragmatist als Kulturpolitiker schlägt mit seinen Neubeschreibungen Vokabularwechsel vor, um Sackgassen des kulturellen Gesprächs zu überwinden. Dabei steht er explizit im Dienst seiner demokratischen Kultur (PKP, S. 9–10, 55). Die radikale Neubeschreibung alter Begriffe dient dem kulturpolitischen Vorhaben einer metaphysikkritischen Umerziehung unserer Sprachpraxis. Der Pragmatismus ist für Rorty nicht nur ein Mittel, um die theoretischen Sackgassen der traditionellen Philosophie zu vermeiden, sondern der Versuch einer radikalen Änderung unseres Selbstbildes. Er stellt für ihn das Angebot zu einem weltgeschichtlichen Wandel im Selbstbild der Menschheit dar (WF, S. 193). Das Angebot eines neuen, antirepräsentationalistischen Vokabulars dient dem Projekt einer experimentellen Veränderung des Common Sense. Das langfristige Ziel besteht darin, das Selbstbild der Bürger in den liberalen Demokratien mit der Übernahme seines romantischen und zugleich pragmatistischen Vokabulars zu verändern. Das für die demokratische Kultur schädliche Bild vom Menschen als Wahrheitssucher soll verabschiedet werden durch die Neubeschreibung als (sprach-)schöpferisches und als solidarisches Wesen. Diese Neubeschreibung entspricht nach Rorty einer wahrhaft demokratischen Kultur. Schon früh hat er in diesem Sinne den klassischen Pragmatismus nicht als Wahrheitstheorie, sondern als transformative Vision einer post-metaphysischen, wahrhaft demokratischen Kultur verstanden (CP, S. 160, 174–175). In *Der Spiegel der Natur* hat er seine eigene romantische und zugleich pragmatistische Variation dieser Vision in Gestalt einer Kultur der „ästhetischen Steigerung" (SN, S. 23) und des freien Gesprächs nur angedeutet. Konkretisiert wurde sie von ihm erst in *Kontingenz, Ironie und Solidarität.*

---

[1]In Anspielung auf die 11. Feuerbach-These von Karl Marx betont Rorty den Vorrang des Handelns vor der Kontemplation. Mit Marx geht es Rorty um die Veränderung der sozialen Welt, aber anders als Marx glaubt er, dass diese durch transformative Neubeschreibung (von Begriffen) erreicht werden kann (PZ, S. 15).

4.2 Die sozialliberale Utopie einer post-metaphysischen Kultur in *Kontingenz, Ironie und Solidarität*

Kontingenz, Ironie und Solidarität skizziert die antifundamentalistische Utopie einer idealen liberalen Gesellschaft, in der Romantizismus und pragmatischer Liberalismus kombiniert sind. Ihr originärer Beitrag liegt auf der Begründungsebene, denn Rorty strebt mit ihr keine Begründung des Liberalismus an. Er schlägt vielmehr eine kulturpolitisch motivierte Neubeschreibung vor, die besser zu den Werten der liberalen Gesellschaft passt. Sein erklärtes Ziel lautet: „den aufklärerischen Liberalismus bewahren und den Rationalismus der Aufklärung verabschieden" (KIS, S. 104–105, vgl. S. 100–101, 306, 318).[2]

Rorty skizziert die Utopie eines demokratischen Antifundamentalismus mit dem Motto „Freiheit statt Wahrheit" (KIS, S. 12, siehe auch den Titel von TCF). Er hat damit die Konsequenzen seines Antirepräsentationalismus und Ethnozentrismus für Moral und Politik gezogen. Denn aus der Anerkennung der Kontingenz der Sprache (siehe oben Abschn. 1.2) folgt nach Rorty nicht nur ein Bewusstsein für die Kontingenz des Selbst, sondern auch der jeweiligen politischen Gemeinschaft. Auch die Werte und Institutionen der liberalen Rechtfertigungsgemeinschaft sind „nur" ein kontingentes Ergebnis ihrer Kulturgeschichte als Geschichte von verbuchstäblichten Metaphern. Das Bewusstsein dieser (dreifachen) Kontingenz wird von Rorty als Ironie bezeichnet. Er bestimmt damit den Ironiebegriff auf eigenwillige Weise neu. Ironie wird verstanden als Tugend des gelassenen Kontingenzbewusstseins (KIS, S. 31, 87, 111).[3] Der so verstandene Ironismus hat sich in Rortys post-metaphysischem Utopia durchgesetzt. Zugleich bleibt in ihm aber der liberale Sinn für Solidarität intakt:

> Mein Bild einer liberalen Utopie […] [ist] die Skizze einer Gesellschaft, in der die Anklage „wegen Relativismus" gegenstandslos, in der die Vorstellung von „etwas hinter der Geschichte" unverständlich geworden ist, aber ein Sinn für Solidarität intakt bleibt. (KIS, S. 306)

Die liberalen Werte werden in Rortys bewusst ethnozentristischer Rechtfertigungsgemeinschaft pragmatisch gerechtfertigt. Sie haben sich in den Augen ihrer Mitglieder in der politischen Praxis bewährt. Deshalb brauchen diese auch keine philosophische Begründung, um sich für sie zu engagieren. Das Bewusstsein der

---

[2] Indem Rorty Utopie und Ironie verbindet, führt er eine (kontextualistische) Selbstkorrektur des klassischen Utopiebegriffs durch, siehe Müller 2014b.

[3] Mehr zur dreifachen Kontingenzerfahrung des Rortyschen Ironismus siehe Reese-Schäfer (2006, S. 85–101).

Kontingenz erhöht für sie die Erkenntnis ihrer Fragilität und der Notwendigkeit ihrer Verteidigung:

> Die Grundvoraussetzung dieses Buches ist, dass eine Überzeugung auch dann noch das Handeln regulieren, auch dann wert sein kann, dass man das Leben für sie lässt, wenn die Träger dieser Überzeugung dessen gewahr sind, dass sie durch nichts anderes verursacht ist als kontingente historische Bedingungen. (KIS, S. 306; vgl. S. 15, 31, 87)

Auf der inhaltlichen Ebene wirkt Rortys Utopie zunächst konventionell, da er sich auf John Stuart Mills klassische sozialliberale Konzeption der Politik beruft. Das immer wieder aufs Neue herzustellende Gleichgewicht von Freiheit und (Chancen-)Gleichheit ist ihr Ziel. Primäre Aufgabe des Staates ist dabei die Gewährleistung maximaler (negativer) Freiheit der Bürger. Wie bei Mills romantischem Liberalismus sollen damit Kreativität und Vielfalt im Privaten ermöglicht werden (KIS, S. 114).[4] Dieser Fokus auf die Gewährleistung eines möglichst großen „Raumes" für einen Ästhetizismus des Privaten stellt die starke romantisch-pluralistische Dimension von Rortys liberalem Utopia dar. Die primäre Aufgabe des Staates liegt in der Sicherung und Maximierung der privaten Autonomie. Dazu tritt aber eine Politik der Solidarität, die auf reale Gleichheit der Chancen zur Selbsterschaffung und eine Minimierung unnötigen Leidens zielt.[5] Rorty versteht sich als Anhänger „altmodischer sozialdemokratischer Politik" (PZ, S. 189) und plädiert für Reformpolitik angesichts der absehbaren Alternativlosigkeit des Kapitalismus. Originell ist dabei seine (umstrittene) Forderung nach einer Banalisierung des politischen Vokabulars der Linken als Partei der sozialen Hoffnung. Er fordert den Abschied der akademischen Linken von ihrer pseudoradikalen, theoriefixierten Zuschauerrolle und die Unterstützung einer erneuerten *piecemeal*-Politik der Umverteilung mit dem Ziel einer klassenlosen Gesellschaft (SL, S. 14–19, 89–103; PSH, S. 246–249).[6]

Für die egalitäre Dimension von Rortys Liberalismus ist kennzeichnend, dass er den partikularistischen Begriff der Solidarität und nicht den universalistischen der Gerechtigkeit als Grundbegriff wählt. Diese theoriestrategische

---

[4] Rorty provoziert dort auch mit der These, Mills Theorie sei das „passende Schlusswort" zur Staatstheorie.

[5] Man kann die These vertreten, dass die Vagheit seiner Bestimmung des Liberalismus dazu dient, nicht von der begründungstheoretischen Stoßrichtung seiner Utopie abzulenken.

[6] Rorty hat schon 1997 vor einer Vernachlässigung der zunehmenden sozialen Ungleichheit durch eine Beschränkung auf Identitätspolitik gewarnt. Damit werde der Aufstieg des Rechtspopulismus und die Wahl eines „starken Mannes" immer wahrscheinlicher (SL, S. 87–88)!

Entscheidung ist eine konsequente Folge seines Ethnozentrismus der Rechtfertigung und des Mottos (kommunikative) „Solidarität statt Objektivität" (s. o. Abschn. 2.3). Das Prinzip der Solidarität ist zwar auch bei Rorty in eine universalistische Zielperspektive gestellt. Er hofft auf eine *globale* demokratische und egalitäre Gesellschaft ohne Klassen und Kasten (PSH, S. xii). Es ist aber für ihn als Antifundamentalisten kein Faktum der Vernunft, das nur entdeckt werden muss. Vielmehr bleibt die Forderung nach menschlicher Solidarität begründungslogisch auf eine konkrete Gemeinschaft bezogen. Sie versteht sich als Artikulation des kontingenten, *offenen* Solidaritätsbegriffs der eigenen liberalen Rechtfertigungsgemeinschaft:

> In meiner Utopie würde man Solidarität nicht als ein Faktum verstehen, […] sondern als ein anzustrebendes Ziel. Es ist nicht durch Untersuchung, sondern durch Einbildungskraft erreichbar, durch die Fähigkeit, fremde Menschen als Leidensgenossen zu sehen. Solidarität wird nicht entdeckt, sondern geschaffen. Sie wird dadurch geschaffen, dass wir unsere Sensibilität für die besonderen Einzelheiten des Schmerzes und der Demütigung anderer, uns nicht vertrauter Arten von Menschen steigern. (KIS, S. 15–16, vgl. S. 305–315)

Rorty bestimmt den liberalen Solidaritätsbegriff „negativ" als Vermeidung von (institutioneller) Grausamkeit. Hierzu greift er auf Judith Shklars Liberalismus der Angst zurück. Demnach hat der Liberalismus kein *summum bonum*, sondern speist sich aus dem Kampf gegen ein *summum malum* namens Grausamkeit: „Meine Definition des ‚Liberalen' übernehme ich von Judith Shklar, die sagt, Liberale seien Menschen, die meinen, dass Grausamkeit das schlimmste ist, was wir tun." (KIS, S. 14) Dabei hat sich nach Rorty liberale Politik auf die Bekämpfung einer für den Menschen typische Art der Grausamkeit zu konzentrieren: die Demütigung von Personen durch Zerstörung ihrer besonderen Sprache und Überzeugungen. Das einzige soziale Band in seiner Utopie ist das Gefühl für die gemeinsame Verletzbarkeit durch Demütigung, nicht die Erkenntnis einer gemeinsamen Vernunftnatur (KIS, S. 153–158, 287). Dabei ist für Rorty eine genauere theoretische Definition von Grausamkeit und Demütigung nicht möglich, aber auch nicht nötig: „Fragen wie etwa die, wem Leiden zugefügt wird, kann man dem Wirken einer freien Presse, freier Universitäten und der aufgeklärten öffentlichen Meinung überlassen." (KIS, S. 114)

4.3 Die praktische Schlüsselunterscheidung zwischen dem Privaten und dem Öffentlichen

Rortys politische Utopie ist eine typisch liberale, antiperfektionistische Differenzkonzeption. Sie basiert auf der „klare[n] Unterscheidung zwischen dem Privaten und dem Öffentlichen" (KIS, S. 142).

Das Provozierende an der Verwendung dieser gängigen liberalen Schlüsselunterscheidung in *Kontingenz, Ironie und Solidarität* besteht zum einen in der Radikalität, mit der Rorty zwischen privat und öffentlich trennt. Die Forderungen nach privater Selbsterschaffung und nach öffentlicher Solidarität seien nicht in einer theoretischen Synthese vereinbar, sondern „für alle Zeit inkommensurabel" (KIS, S. 14). Als Reaktion auf massive Kritik an Formulierungen wie dieser sah sich Rorty genötigt, seine „klare Unterscheidung" in der Folge aufzuweichen. In deskriptiver Hinsicht gesteht er bereitwillig zu, dass es Beeinflussungen in beide Richtungen gibt. Er selbst betont beispielsweise vehement die Bedeutung der jeweiligen Sozialisation (u. a. KIS, S. 299). Als Reaktion auf Kritik bedeutender feministischer Denkerinnen wie Nancy Fraser hat Rorty auch erklärt, dass er nicht die Einsicht der Frauenbewegung, dass das Private das Politische sei, ignoriere:

> Der Kern meines Buches ist eine Unterscheidung zwischen privaten Interessen, verstanden als idiosynkratische Projekte der Selbstvervollkommnung, und öffentlichen Interessen, die mit dem Leiden anderer Menschen zu tun haben. Mit Nachdruck betone ich, dass es sich dabei keineswegs um jene Unterscheidung handelt [...] zwischen *oikos* und *polis*. (PZ, S. 49; Herv. i. O.)[7]

Trotz aller Modifikationen hielt Rorty immer an der praktischen Schlüsselunterscheidung seines Denkens fest[8], und zwar aufgrund ihrer normativen Funktion. Gegen alle Versuche einer theoretischen Synthese von individueller Selbst-Erschaffung und öffentlicher Verantwortung geht es ihm darum, einen Lebensbereich zu gewährleisten, in dem es keine Rechtfertigungspflicht gegenüber anderen gibt. Mit dieser „negativen" Funktion bleibe die Unterscheidung zwischen privat und öffentlich, „zwischen Pflichten, die man gegen sich selbst, und solchen, die man gegen andere hat" (KIS, S. 200) von hohem politischem Nutzen. Dies

---

[7]Mehr hierzu siehe insbesondere Janack (2010). Dieser Band dokumentiert zugleich, dass Rorty als einziger bekannter Vertreter des liberalen „*male*streams" den Dialog mit feministischen Denkern selbst gesucht hat.

[8]Zu ihrer umfassenden Bedeutung siehe die Übersicht in Tab. 4.1.

Tab. 4.1 Die praktische-Schlüsselunterscheidung zwischen dem Privaten und dem Öffentlichen

Privat	Öffentlich
Romantik	Pragmatismus
Ironie	Solidarität
Sprachliche Selbsterschaffung	Verminderung des Leidens
(Ironistische) Theorie	Literatur
Nicht-normaler Diskurs	Normaler Diskurs
Erhabenheit	Schönheit
Neubeschreibung	Argumentation
Revolution	Reform

gelte auch, wenn sie eine verschwommene *politische* Unterscheidung sei. Denn nicht nur was zu vermeidende Grausamkeit sei, sondern alle politischen Unterscheidungen müssten pragmatisch jeweils Fall für Fall im demokratischen Diskurs bestimmt werden. Als Liberaler plädiert er dabei dafür, den Spielraum für private Selbstvervollkommnung zu maximieren und nur gemäß dem liberalen *harm principle*, das heißt anhand der negativen Handlungsfolgen für andere, zu begrenzen (u. a. TCF, S. 31, 50–51; PKP, S. 62; ORT, S. 208).[9]

Die zweite Provokation für die politische Philosophie in Zusammenhang mit Rortys Verwendung der Unterscheidung zwischen privat und öffentlich besteht in folgender Aufgabenteilung: Die Philosophie wird dem Bereich des Privaten zugewiesen. Ihre moralische Funktion in der öffentlichen Sphäre übernimmt die Literatur: „Metaphysiker assoziieren Theorie mit sozialer Hoffnung und Literatur mit privater Perfektion; in einer ironistischen liberalen Kultur ist es umgekehrt." (KIS, S. 161) Rortys Privatisierung der Philosophie zielt primär auf die politische Anthropologie. Als Vertreter eines *offensiven* demokratischen Antifundamentalismus lehnt er jede philosophische Theorie des Selbst oder der (kommunikativen) Vernunft als Propädeutik der Politik ab. Seine methodologische Leitthese ist die des „Vorrang[s] der Demokratie vor der Philosophie" (SO, S. 82). Eine philosophische Begründung des Liberalismus ist weder möglich, noch nötig, allein dessen Artikulation „*im Dienste* demokratischer Politik" (KIS, S. 317, Herv. i. O.; vgl. SO, S. 82–125). Essenzialistische Begründungstheorien könnten gesellschaftliche

---

[9]Die Debatte um Rortys Verwendung der Unterscheidung privat/öffentlich ist bis heute ein Hauptstreitpunkt der Rorty-Interpretation geblieben. Für eine erste Übersicht dazu siehe Curtis (2015, S. 100–112).

Diskurse nicht befrieden, sondern seien im Gegenteil eine Quelle von Konflikten. In Rortys Utopie werden die von ihnen formulierten Menschenbilder daher allein als wichtige Inspirationen für das private Projekt der Selbstvervollkommnung gesehen. Diese Privatisierungsstrategie zielt aber auch auf ironistische Theorien der Kontingenz in der Nachfolge Nietzsches und Heideggers, die immer noch nach Erhabenheit, Reinheit und Authentizität strebten. Damit wird der politische Anspruch poststrukturalistischer Denker wie etwa Michel Foucault und Jaques Derrida abgewiesen (KIS, S. 117, 142, 202–226).

In der öffentlichen Sphäre wird in Rortys Utopia die Philosophie also als Mittel des moralischen Fortschritts vor allem durch die Literatur abgelöst. Diese übernimmt die Aufgabe einer ständigen Erweiterung der Solidarität. Wie oben bereits angedeutet, vertritt Rorty einen Gefühlsbegriff der Solidarität. Moral ist demnach keine Frage der Rationalität und der Selbstgesetzgebung, sondern des Gefühls und der Empfindsamkeit. Für ihn als Antikantianer lautet das Motto: Hume statt Kant. Der moralische Fortschritt wird konsequenterweise als Ausweitung des moralischen Mitgefühls durch eine „Manipulation der Gefühle" neu beschrieben. Bedeutendstes Vehikel für die hierfür erforderliche „Schule der Empfindsamkeit" ist der Roman (WF, S. 241–268):

> Der Prozess, in dessen Verlauf wir allmählich andere Menschen als „einen von uns" sehen statt als „jene", hängt ab von der Genauigkeit, mit der beschrieben wird, wie fremde Menschen sind, und neubeschrieben, wie wir sind. Das ist eine Aufgabe nicht für Theorie, sondern für Sparten wie Ethnographie, Zeitungsberichte, Comic-Hefte, Dokumentarstücke und vor allem Romane. (KIS, S. 16)

Der Roman ist für Rorty das zentrale Mittel der moralischen Erziehung heute. Guten Romanciers gelinge es, das Augenmerk ihrer Leser auf bisher übersehene, konkrete Fälle erlittenen Leidens zu richten und das zumeist sprachlose Leid der Opfer von Grausamkeit in Worte zu fassen (KIS, S. 160–161; auch KOZ, S. 98–102; HSE, S. 87).[10]

Neben Büchern, die uns helfen, weniger grausam zu werden, indem sie institutionelle Formen der Grausamkeit thematisieren, gibt es für Rorty noch eine zweite Art. Diese sensibilisieren uns für die potenziell grausamen Wirkungen unserer privaten Projekte der Selbsterschaffung auf andere. In *Kontingenz, Ironie und Solidarität* werden Vladimir Nabokov und George Orwell als liberale Autoren

---

[10]Die Literatur geht für Rorty nicht in dieser öffentlichen Rolle auf. Sie dient auch der privaten Ethik der Selbstvervollkommnung. An die Stelle der generellen Unterscheidung zwischen Ethik und Ästhetik tritt die pragmatische Unterscheidung zwischen öffentlichem und privatem Zweck von Literatur (KIS, S. 229–232).

interpretiert, die durch ihr Werk zur Sensibilisierung gegenüber der Verführung zur individuellen Grausamkeit beitragen, die dem Streben nach Autonomie inhärent ist. Die Hauptthese seiner originellen Engführung der beiden Romanciers lautet: „Beide warnen sie liberale Ironiker vor der Verführung zur Grausamkeit. Beide dramatisieren sie die Spannung zwischen privater Ironie und der Hoffnung auf Liberalität." (KIS, S. 234; vgl. S. 229–234, 281)[11]

---

[11]Rortys starkes Fehllesen von Nabokovs Ästhetizismus und Orwells Realismus findet sich in KIS, Kap. 7 und 8.

Die liberale Ironikerin als Verkörperung der Vision einer lebenspraktischen Balance von privater Romantik und öffentlichem Pragmatismus

Die zentrale Figur der Utopie in *Kontingenz, Ironie und Solidarität* ist die liberale Ironikerin. Sie ist die Verkörperung von Rortys Vision einer instrumentalistischen Kombination von privater Romantik und öffentlichem Pragmatismus. Daher wird sie in diesem Kapitel näher vorgestellt.

5.1 Ironie als Kontingenzbewusstsein und sprachliche Selbsterschaffung

Die liberale Ironikerin hat die Kontingenz des Selbst akzeptiert und stellt die Verkörperung von Rortys demokratischen Antifundamentalismus dar:

> „Ironikerin" nenne ich eine Person, die der Tatsache ins Gesicht sieht, dass ihre zentralen Überzeugungen und Bedürfnisse kontingent sind [...] Liberale Ironiker sind Menschen, die zu diesen nicht auf tiefste Gründe rückführbaren Bedürfnissen auch ihre eigenen Hoffnungen rechnen, [...] dass Leiden geringer wird, dass die Demütigung von Menschen durch Menschen vielleicht aufhört. (KIS, S. 14)

Aus der Einsicht in die Kontingenz der Sprache folgt nach Rorty auch die Einsicht in die des Selbst. Ironiker haben das essenzialistische Menschenbild mit einem ahistorischem (Vernunft-)Kern verabschiedet. Eine Person ist für sie nicht mehr als ein idiosynkratisches Netz kontingenter sprachlicher Überzeugungen und Wünsche ohne Zentrum (KIS, S. 66–68, 80–81, 305; SO, S. 5–6; KOZ, S. 60–67). Damit ist die Ironikerin die Personifizierung von Rortys nominalistischem Sprachspielpragmatismus. Als Antiessenzialistin und Historistin hat für sie nichts eine immanente Natur. Im Bewusstsein um die historische Bedingtheit

© Springer Fachmedien Wiesbaden GmbH, ein Teil von Springer Nature 2021
M. Müller, *Rorty lesen,* essentials,
https://doi.org/10.1007/978-3-658-33550-2_5

ihrer Sozialisation versteht sie auch ihre zentralen Überzeugungen und Bedürfnisse – Rorty spricht hier von ihrem „abschließenden Vokabular" (KIS, S. 127) – als kontingente poetische Leistungen starker Dichter ihrer Kultur. Rortys eigenwillige Neufassung des Ironiebegriffs definiert Ironie damit als Wissen um die Kontingenz des eigenen abschließenden Vokabulars, mit dem eine Person ihre Lebensgeschichte erzählt und rechtfertigt. Da ein Selbst durch sein abschließendes Vokabular bestimmt wird, ist Ironie bei Rorty also Selbstironie (KIS, S. 127–129, 164; PZ, S. 170).

Ironie wird von Rorty als *gelassenes* Kontingenzbewusstsein neubeschrieben. Sie ist die Grundtugend in Rortys utopischer, post-metaphysischer Gesellschaft. In dieser lautet die herrschende Definition von Freiheit auch nicht mehr Einsicht in die (Vernunft-)Notwendigkeit, sondern: „Freiheit als Erkennen der Kontingenz" (KIS, S. 56). Denn diese Erkenntnis ist auch die Voraussetzung für einen kreativen Umgang mit der Frage nach der eigenen Identität. Ironiker sind nach Rorty in der Lage, mit der Vielfalt ihres Netzes an Überzeugungen und Wünschen spielerisch zu experimentieren. Die Dezentrierung und Kontingenz des Selbst ist für Ironiker also kein Grund für Verzweiflung, sondern Chance zur Kreativität beziehungsweise zur Erprobung immer neuer Selbstbeschreibungen (KIS, S. 78–79). Zu Rortys transformativer Neubeschreibung des „Ich" gehört nicht nur die Betonung von Dezentrierung und Kontingenz. Die aktive Komponente des Selbst ist die Fähigkeit der „Heldin" seines Buches, sich von der eigenen Sozialisation zu distanzieren und durch Selbstbeschreibung neu zu erschaffen. Mit der Tugend der Ironie bezeichnet Rorty das Bewusstsein der eigenen Kontingenz *und* zugleich die Fähigkeit zur Autonomie durch sprachliche Selbsterschaffung.[1]

Kritik an dem eigenen lokalen abschließenden Vokabular kann für Ironiker nicht anhand eines ahistorischen Maßstabes stattfinden, sondern nur durch den Vergleich mit anderen abschließenden Vokabularen. Daher können ihre Selbstzweifel nur durch das Ausbrechen aus der eigenen „Stammessprache" beschwichtigt werden. Dies ist nach Rorty vor allem durch Bücherlesen möglich. Ziel ihrer Lesereise ist nicht, „die-einzig-richtige Beschreibung" des Menschen zu finden. Entsprechend des romantischen Bildungsbegriffs, der schon im Schlussteil von *Der Spiegel der* Natur entwickelt wird, lautet das Ziel vielmehr, ein immer größeres Repertoire alternativer menschlicher Selbstbeschreibungen anzusammeln (KIS, S. 57–58, 129–131, 138–139). Rorty skizziert mit diesem Bild der Ironikerin als „Bücherwurm" eine intellektualistische Variante des ästhetischen Lebens.

---

[1] Bei ihrem Projekt der sprachlichen Selbsterschaffung ist die Ironikerin auf andere angewiesen. Daran ansetzend versuchen namhafte Rorty-Interpreten den ethischen Charakter der Ironie bei Rorty abzuleiten, siehe Bacon 2007; Ramberg 2014; Voparil 2010. Diese drei Texte bieten zugleich jeweils eine hervorragende Einleitung zu Rorty und zu KIS.

Die traditionellen Ziele der Selbstprüfung und Selbsterkenntnis sind ersetzt durch das der Erweiterung des Selbst. Das Lebensideal ist ein Leben an den gegenwärtigen Grenzen der menschlichen Einbildungskraft. Auf diese Weise ist die Ironikerin die Verkörperung des von Rorty befürworteten „ästhetischen Lebens [...] der immerwährenden Neugierde, das seine Grenzen zu erweitern strebt, anstatt sein Zentrum zu finden" (SO, S. 55; vgl. PP, S. 31).

Die Freiheit von Rortys ästhetischem Selbst in Gestalt der Ironikerin erschöpft sich nicht nur in dem Erkennen der Kontingenz und dem Sinn für die unverwirklichten Möglichkeiten des Menschseins. Ihr Streben nach Selbsterweiterung durch literarische „Bildung" dient vor allem der eigenen Fähigkeit zur Erschaffung radikal neuer Selbstbeschreibungen. Autonomie wird nach Rorty letztlich realisiert durch das private Projekt der poetischen Selbsterschaffung: „Autonomie ist nichts, was alle Menschen tief in ihrem Inneren hätten; es ist etwas, was bestimmte besondere Menschen durch Selbsterschaffung zu erreichen hoffen und einige von ihnen tatsächlich erreichen." (KIS, S. 117)[2] Die antiessenzialistische Konzeption des Selbst als Netzwerk von Kontingenzen wird von Rorty damit mit der oben dargestellten romantisch-theologischen Vorstellung verbunden, dass der Mensch Schöpfer seiner selbst ist. Die Kernthese der romantischen Dimension von Rortys Konzeption des ironischen Selbst lautet: *Selbsterschaffung statt Selbsterkenntnis* (KIS, S. 56–61; PZ, S. 42; bereits SN, S. 388).

Die paradigmatische Figur der Verwirklichung von Autonomie als andauernde Selbsterschaffung ist für Ironiker dementsprechend auch der starke Dichter: „Meiner Meinung nach wäre der Kulturheld eines liberalen Gemeinwesens im Idealfall Blooms ‚starker Dichter', nicht der Krieger, der Priester, der Wilde oder der [...] Naturwissenschaftler." (KIS, S. 98) Der kraftvoll schaffende Poet, der Worte so benutzt wie keiner vor ihm, verkörpert Rortys romantisches Selbsterschaffungsideal. Er wird sogar zum „Archetyp des Menschlichen" (KIS, S. 69) erklärt. Für Rorty ist die ästhetische Existenzweise des produktiven Künstlers das Paradigma von Individualität. Seine Ironiekonzeption schließt daher an die Forderung der Romantik an, dass man poetisch leben solle. Sein starker romantischer Impuls zeigt sich am deutlichsten in dieser Vision eines authentischen Lebens durch poetische Selbsterschaffung.

---

[2]Zur existenziellen Dimension des privaten Projekts der Selbsterschaffung und generell zur wichtigen Beziehung zu Sartres Existenzialismus siehe insbes. KIS, S. 166–167 und bereits SN, S. 391–392, 404–409.

5.2 Ironismus *und* liberaler Ethnozentrismus – die Vision einer lebenspraktischen Balance

Die Idealbürger von Rortys Utopia sind zugleich *liberale* Ironiker. Sie haben die liberale Unterscheidung zwischen dem Privaten und dem Öffentlichen internalisiert und sind nur im Privaten Ironiker. Ironie als Kontingenzbewusstsein und als Sinn für das romantische Projekt der Selbsterschaffung macht nur ihre private Identität aus. Die Ironie ist auch für Rorty als dem wichtigsten Denker der Ironie in der Gegenwartsphilosophie eine ernste Angelegenheit. Und seine Antwort auf das seit der Romantik ungelöste Problem, wie weit sie gehen darf, besteht in deren Privatisierung. Originalität und Radikalität sind zwar wichtig in der Kunst, aber gefährlich in der Politik, daher wird die Ironie zum Schutz der Demokratie zur *privaten* Tugend erklärt: „Ironie scheint ihrer Natur nach eine Privatangelegenheit." (KIS, S. 150)

Rorty betont zwar den Zusammenhang von Ironie mit Flexibilität und Toleranz. Ironie als Kontingenzbewusstsein schütze – unter günstigen (materiellen) Rahmenbedingungen – vor allen Formen von Fanatismus und Fundamentalismus (PZ, S. 180; SO, S. 51, 62). Ironie begründet aber nach Rorty nicht die Solidarität. Vielmehr thematisiert er ausführlich ihre „dunklen Seite". Diese besteht vor allem in der Gefahr der Grausamkeit durch Demütigung, die vom Projekt der sprachlichen Selbsterschaffung durch Neubeschreibung ausgeht: „Neubeschreibung demütigt oft." (KIS, S. 154) Nach Rorty ist dem Streben der Ironikerin nach Autonomie durch narrative Selbsterschaffung nicht nur eine Tendenz zum Elitären und zur Indifferenz gegenüber dem Leiden der Nicht-Dichter inhärent. Vielmehr macht sie sogar anfällig für die Verführung zur Grausamkeit. Es bestehe immer die Möglichkeit des „grausame[n] Ästheten" (KIS, S. 254–255, vgl. S. 153–154, 234, 273). In Rortys Utopia gilt daher als Grenze der Ironie das Prinzip der Grausamkeitsvermeidung zum Schutz der Öffentlichkeit vor den Ironikern. Auch die Figur des starken Dichters wird damit quasi domestiziert. Diese „Domestizierung" soll die Kombination von privater Romantik und öffentlicher Solidarität ermöglichen. Rortys verteidigt den romantischen Ästhetizismus, indem er ihn privatisiert: „Privatisiert den Nietzsche-Sartre-Foucaultschen Versuch zur Authentizität und Reinheit." (KIS, S. 117; vgl. EHO, S. 194)

Bei der liberalen Ironikerin handelt es sich um die „Verkörperung" von Rortys liberaler Differenzkonzeption der Politik. Voraussetzung ihrer Kombination von privater Ironie und öffentlicher Solidarität ist, dass ihr abschließendes Vokabular gespalten ist in einen (großen) privaten und einen öffentlichen Teil. Rortys Idealbürger haben sich mit der Tatsache ausgesöhnt, dass ihr abschließendes Vokabular keine organische Struktur darstellt, sondern ein Flickwerk dieser beiden Teile.

Beide zusammen konstituieren ihre Identität – ohne eine besondere Beziehung zueinander zu haben (KIS, S. 157, 168, 200). Liberale Ironiker besitzen,

> die Fähigkeit, zu unterscheiden zwischen der Frage, ob du und ich dasselbe Vokabular haben, und der anderen, ob du Schmerzen hast. Die Unterscheidung dieser Fragen macht es möglich, öffentliche von privaten Fragen zu unterscheiden, Fragen nach Schmerzen von Fragen nach dem Sinn des Lebens, die Domäne der Liberalen von der Domäne der Ironiker. Damit wird es möglich, dass ein einziger Mensch beides zugleich sein kann, Liberaler und Ironiker. (KIS, S. 320, vgl. S. 127; PZ, S. 42–43, 119–120)

Rortys Idealbürger betrachten ihr Projekt der sprachlichen Selbsterschaffung und erst recht das Streben nach Erhabenheit als irrelevant für die Sphäre der Politik. In dieser geht es für sie nur um die Ausweitung der (kommunikativen) Solidarität und um einen demokratischen Experimentalismus innerhalb der bestehenden liberalen Institutionen. Dieser ist gekennzeichnet durch pragmatische Kompromisse und kurzfristige Reformen. Demokratische Politik besteht für sie in der Suche nach einem Konsens innerhalb der eigenen Rechtfertigungsgemeinschaft über die Abwägung der „Bedürfnisse nach Frieden, Wohlstand und Freiheit" und über konkrete institutionelle Regelungen „wie man die Gelegenheit zur Selbsterschaffung für alle gleich bereitstellt" (KIS, S. 145–146, vgl. S. 114–116, 281–283; PKP, S. 182–183).

Warum soll aber die potenziell grausame Ironie an der Grenze von privat und öffentlich Halt machen? Rortys Antwort auf diese Fragen ist die liberale Einhegung der Ironie durch eine Verbindung von Ironismus *und* Ethnozentrismus. Die Solidarität der liberalen Ironikerin ist eine Frage ihrer praktischen Identität, die sie als loyales Mitglied ihrer liberalen Identifikationsgemeinschaft erworben hat. Ihre Loyalität zum kontingenten Grausamkeitsverbot ist Resultat ihres Eingebettetseins in die liberale Kultur. Sie identifiziert sich mit der ethischen Rechtfertigungsgemeinschaft, der sie sich zugehörig fühlt. Auch wenn sie weiß, dass ihr liberaler Sinn für moralische Verpflichtung historisch kontingent ist, ändert dies nichts daran, dass dieser Sinn ihre öffentliche Identität und damit ihr Handeln bestimmt. Rorty konzipiert die Idealbürgerin seines ironischen Liberalismus als Ironikerin *und* als liberale Ethnozentristin zugleich. Sie zeichnet sich dadurch aus, dass sie das unreife und gefährliche Bedürfnis nach absoluter Geltung verabschiedet hat und nicht mehr dem unausweichlichen Ethnozentrismus der Rechtfertigung zu entkommen sucht. Einsicht in die Kontingenz des moralischen Vokabulars ihrer liberalen „Ethnie" und damit ihres Gewissens sind bei der liberalen Ironikerin mit Engagement für die Ziele dieses Vokabulars verbunden: „[D]ie Bürger meiner liberalen Utopie wären Menschen, [...] die Engagement mit dem Sinn für die Kontingenz ihres Engagements verbänden." (KIS, S. 110, vgl. S. 87, 193)

Die liberale Ironikerin hält ihren Wunsch nach Autonomie qua narrativer Selbsterschaffung von ihrem Wunsch nach Verminderung von Grausamkeit getrennt. Für sie sind beide Teile ihres abschließenden Vokabulars inkommensurabel. Sie hat akzeptiert, dass die Suche nach einem umfassenderen Metavokabular, mit dem die Synthese beider Teile durch eine Theorie der Natur des Menschen oder der Rationalität gelingt, vergeblich ist: „Es gibt keine Möglichkeit, auf *theoretischer* Ebene Selbsterschaffung und Gerechtigkeit zusammenzubringen." (KIS, S. 13, Herv. M.M., vgl. S. 12–15, 200–201; PZ, S. 149) Die Suche der Begründungstheorie nach dieser Synthese in einem Metavokabular ist nach Rorty nicht nur tendenziell politisch gefährlich, sondern für ihn als Instrumentalisten auch unnötig. Sein pragmatischer Lösungsvorschlag besteht in einer friedlichen Koexistenz beider inkommensurablen Vokabulare durch deren „compartmentalization" (Rorty in Brandom 2000, S. 79; auch PSH, S. 270).[3] Ihre mögliche Kompatibilität wird mit der Werkzeugmetapher plausibilisiert. Wenn man in antirepräsentationalistischer Manier Vokabulare nicht mehr als Beschreibungen der Dinge, wie sie wirklich sind, betrachtet, dann kann man inkommensurable Vokabulare in einer entspannten pragmatischen Einstellung schlicht als unterschiedliche Werkzeuge für unterschiedliche Zwecke ansehen (KIS, S. 12–13, 29, 35; auch SO, S. 61–62). Die zentrale praktische Bedeutung des oben skizzierten Instrumentalismus besteht also darin, dass er es nach Rorty ermöglicht, die Idee einer pragmatischen Koexistenz auch auf die in vermeintlicher Opposition stehenden Vokabulare der Selbsterschaffung und der Solidarität anzuwenden. In Kombination mit der Unterscheidung zwischen privat und öffentlich ermöglicht er die pragmatische Koexistenz von Ironie und Solidarität, von Romantik und Pragmatismus (PKP, S. 68–69, 262).

Die liberale Ironikerin besitzt die Fähigkeit, sich zwischen den beiden inkommensurablen Teilen ihres abschließenden Vokabulars hin und her zu bewegen. Mit dieser Fähigkeit verkörpert sie Rortys pragmatistische Neudefinition von Weisheit. Die Tugend der Weisheit wird von ihm von der Liebe zur (einen) Wahrheit abgelöst. Er schlägt vor, sie als Finden der rechten Balance zwischen den verschiedenen Sphären des menschlichen Lebens neu zu verstehen. Ein Weiser sei nicht derjenige, der Widersprüche durch die korrekte Darstellung der natürlichen Ordnung aufzulösen versucht, sondern der mit ihnen umzugehen lernt und die

---

[3]Bereits in *Der Spiegel der Natur* hat Rorty darauf bestanden, dass die Inkommensurabilität von Vokabularen nicht deren Inkompatibilität impliziere, siehe SN, S. 420.

schwierige Balance zwischen den widerstreitenden Anforderungen des Lebens zu meistern versteht. Erreicht werde praktische Weisheit von denjenigen, denen das Kunststück des andauernden Balanceaktes zwischen diesen gelingt:

> Nach meinem Verständnis ist die wichtigste Unterscheidung im menschlichen Leben diejenige zwischen dem Öffentlichen und dem Privaten. Weise sein – in jenem Sinn, den ich diesem Begriff geben möchte – heißt: ein Gleichgewicht zu finden zwischen unseren idiosynkratischen Fantasien und unserem Umgang mit anderen Menschen, zwischen der Sprache, in der wir mit uns selbst und über uns selbst sprechen, und jener Sprache, die wir im Gespräch mit anderen über unsere gemeinsamen Angelegenheiten verwenden. (PZ, S. 120; vgl. KIS, S. 12–13, 230; KOZ, S. 89)

In der Nachfolge von Isaiah Berlins Pluralismus empfiehlt Rorty ein neues, pragmatistisches Weisheitsideal für die (intellektuellen) Bürger liberaler Gesellschaften. Es beinhaltet die These, dass die erfolgreiche Balance zwischen der Verantwortung für sich selbst und der für andere kein Resultat der theoretischen Einsicht sein kann. Nur hoffnungslose Metaphysiker erwarteten auf Fragen dieser Art noch eine generelle theoretische Antwort.[4] Die Verwirklichung der Utopie eines Gleichgewichtes zwischen privatem und öffentlichem Teil des eigenen abschließenden Vokabulars ist nach Rorty keine Frage der Erkenntnis, sondern eine der praktischen Kenntnis: „Nach meinem Verständnis […] können solche Gegensätze in einem Leben kombiniert, aber nicht in einer Theorie zur Synthese gebracht werden." (KIS, S. 200, vgl. S. 14–15, 159) Zur Unterstützung könnten allein praktische Maßnahmen ergriffen werden. Hierzu gehört neben der staatlichen Sorge für Erziehung, Sicherheit und Wohlstand als gesellschaftliche Bedingungen liberaler Ironie insbesondere die Gewährung eines maximalen Freiraumes für die private Autonomie als primäres Ziel liberaler Politik (KIS, S. 13, 144–145).

Die liberale Ironikerin in *Kontingenz, Ironie und Solidarität* stellt Rortys kulturpolitischen Vorschlag eines neuen Tugendideals für unsere pluralistischen, liberalen Gesellschaften dar.[5] Seine utopische Vision des guten Staatsbürgers radikalisiert die in diesen bereits täglich praktizierte Kunst der Trennung. Trotz aller berechtigten Einzelkritik an Rortys pragmatistischer Koexistenzkonzeption des Selbst handelt es sich bei ihr um einen plausiblen Vorschlag für ein neues Selbstbild der Bürger liberaler Gesellschaften – und diese sind die alleinigen Adressaten

---

[4]Zur dramaturgisch zugespitzten Gegenüberstellung der liberalen Ironiker*in* mit dem liberalen Metaphysik*er* siehe KIS, S. 128–135. Ironie wird dort allerdings auch mit dem jeweils vorherrschenden Common Sense kontrastiert. Deshalb würde sie auch in seinem antifundamentalistischen Utopia nicht überflüssig.

[5]Für eine überzeugende Interpretation von Rorty als Tugendliberalen siehe Curtis 2015.

seiner kontextualistischen Begründungsutopie.[6] Dieser Vorschlag ist zwar spannungsreich aber tragfähig. Er stellt für philosophisch interessierte Liberale, die ernüchtert sind von den bisherigen Anstrengungen der Begründungstheorie, eine "lebendige Option" (James 1994, S. 186) dar.

---

[6]Die Kritik an der Figur der liberalen Ironikerin hat zu beachten, dass Rorty mit ihr sein Tugend*ideal* für die Bürger liberaler Demokratien skizziert. Sie ist Produkt des kontextualistischen *utopischen* Denkens bzw. der „Kulturpolitik", siehe hierzu Müller 2014b.

Rorty weiterlesen: Besteht sein demokratischer Antiautoritarismus selbst den pragmatischen Test?

6

Gerade an der eben rekonstruierten utopischen Figur der liberalen Ironikerin zeigt sich die Fruchtbarkeit der zentralen These dieses *essentials:* Rortys Denken ist zu lesen als Kombination von privater Romantik und öffentlichem Pragmatismus. Dabei wird die konstitutive Spannung zwischen diesen beiden Dimensionen seines Neopragmatismus immer wieder virulent. Dennoch kann der Versuch der Herstellung einer pragmatischen Koexistenz zwischen beiden überzeugen.

Im *zweiten Kapitel* wurden die Hauptmerkmale seiner Version des Neopragmatismus herausgearbeitet: Antirepräsentationalismus, naturalistischer Instrumentalismus, Holismus und Pluralismus der Rechtfertigung mit der Devise (kommunikative) Solidarität statt Objektivität.

Rorty strebt die Ablösung der Philosophie als Erkenntnistheorie durch eine Philosophie des Gesprächs an, die den Fokus allein auf die Rechtfertigungspraxis richtet. Dabei zeigte sich sein transformativer Anspruch am deutlichsten in der Verabschiedung der Wahrheitstheorie.

Das *dritte Kapitel* stellte die starke romantische Dimension von Rortys Neopragmatismus vor. Die Stichpunkte lauten hier: Mensch als sprachschöpferisches Wesen und Fantasie als Motor des kulturellen Fortschritts, Apotheose der Zukunft und zentrales Hoffnungsmotiv, Bild der Kulturgeschichte als Geschichte von Metaphern, Ideal des starken Dichters. Dementsprechend lautet der Interpretationsvorschlag dieses *essentials:* Rortys Denken ist eine fragile Kombination von Romantik und Pragmatismus.

Diese Leitthese und der für Rortys Neopragmatismus als Kulturpolitik kennzeichnende transformative Anspruch wurde im *vierten Kapitel* vertieft. Er wurde anhand einer Skizze seiner sozialliberalen Utopie in *Kontingenz, Ironie und Solidarität* plausibilisiert. In dieser antifundamentalistischen Utopie mit dem Motto „Freiheit statt Wahrheit" sind Ironie und Solidarität kombiniert. Sie basiert auf Rortys praktischer Schlüsselunterscheidung zwischen privat und öffentlich.

© Springer Fachmedien Wiesbaden GmbH, ein Teil von Springer Nature 2021   51
M. Müller, *Rorty lesen,* essentials,
https://doi.org/10.1007/978-3-658-33550-2_6

Die Hauptfigur dieser Utopie, die liberale Ironikerin war Thema in *Kapitel fünf*. Sie verkörpert Rortys Differenzkonzeption von Ethik und Politik. Ihre (Selbst-)Ironie steht für Kontingenzbewusstsein und Autonomie durch sprachliche Selbsterschaffung. Als Ironikerin *und* liberale Ethnozentristin ist ihr Ideal eine lebenspraktische Balance zwischen einer privaten, romantischen Ethik der sprachlichen Selbsterschaffung und einer öffentlichen, pragmatischen Ethik der Solidarität. In diesem *essential* ist der für Rortys Neopragmatismus charakteristische *transformative Anspruch* betont worden. Er wurde schon an seiner Behandlung der Wahrheitsfrage deutlich. Rorty will unsere Sprachpraxis nicht rekonstruieren, sondern verändern. Sein generelles Ziel lautet: Das politisch potenziell gefährliche Bild vom Menschen als Erkenner von Wesenheiten und als Wahrheitssucher soll verabschiedet werden durch die romantische und zugleich pragmatistische Neubeschreibung als (sprach-)schöpferisches und als solidarisches Wesen. Rortys Hauptargument dafür lautet, dass dieses neue Selbstbild besser zu den Werten und Institutionen der Demokratie passe (KIS, S. 84–85, 318–319). Mit diesem Wechsel der Argumentationsebene weg von der Philosophie und hin zur (Kultur-)Politik vermeidet er auch den Selbstwiderspruch. Denn Rorty zieht die Konsequenz aus dem von ihm empfohlenen Wechsel hin zu einem instrumentalistischen Vokabular. Seine konsistente Antwort auf den Vorwurf des Selbstwiderspruchs besteht in einer pragmatischen Begründung seines Neopragmatismus. Er behauptet nicht, die Wahrheit seiner Neubeschreibung, sondern deren theoretische und vor allem *praktische Nützlichkeit* (WF, S. 84; vgl. HSE, S. 62).[1]

Hinter dieser Behauptung steht der antreibende Impuls für Rortys transformative Neubeschreibung. Es ist ein „militanter Antiautoritarismus" (Rorty in Brandom 2000, S. 376), der gegen jede Idee einer nicht-menschlichen Autorität kämpft. Für Rorty ist die von ihm kritisierte repräsentationalistische Philosophie eine Form des Autoritarismus, da sie auf eine Autorität jenseits des Diskurses gerichtet ist: „Das Bedürfnis nach Weltgerichtetheit halte ich für ein Relikt des Bedürfnisses nach autoritärer Führung." (WF, S. 208) „Wahrheit", „Objektivität", „Natur" und „Realität" seien nur Surrogate Gottes. Rorty geht es darum, all diese Arten des philosophischen Gottesersatzes hinter uns zu lassen und uns nicht mehr einer nicht-menschlichen Instanz verantwortlich zu fühlen (u. a. KIS, S. 49–51, 306; WF, S. 79; PKP, S. 233). Seinen Sprachpragmatismus, mit der Fokussierung

---

[1] Der theoretische Nutzen seines Neopragmatismus liegt nach Rorty in der Beendigung der endlosen und sterilen Debatten des Repräsentationalismus, insbesondere in der dadurch möglich gewordenen Abweisung des Skeptizismus. Darüber hinaus ermögliche er es, endlich unser moralisches Selbstbild mit dem Darwinismus zu vereinbaren (u. a. HSE, S. 62–63).

auf die gemeinsame Rechtfertigungspraxis, versteht Rorty als emanzipatorische Alternative. Das starke ethisch-politische Motiv für sein transformatives Projekt ist ein „tiefer Humanismus" (Bernstein 2010, S. 201). Sein kulturpolitisches Ziel ist eine radikale Säkularisierung beziehungsweise „Entgötterung" unserer demokratischen Kultur (KIS, S. 85–86). In ihr wird keine nicht-menschliche Autorität jenseits des menschlichen Konsenses mehr gesucht und anerkannt. Dieser ist allein oberste Instanz in allen gemeinsamen Angelegenheiten (u. a. PAK, S. 62). Rortys humanistische Philosophie des Gesprächs hat die kommunikative Solidarität als oberstes Ideal und ihr oberstes Ziel lautet, das Gespräch der Kultur am Laufen zu halten (schon SN, S. 408). Und sein Utopia ist eine Kultur, in der das Gespräch die Wahrheit als normative Leitidee abgelöst hat.

Rorty versteht seinen antiautoritären Pragmatismus als Fortsetzung der Reformation und der Aufklärung. Er zielt auf einen weltgeschichtlichen Wandel des Selbstbildes für die Bürger der westlichen Demokratien (WF, S. 193). Diesen verblüffend ambitionierten Anspruch als „ein Doktor der modernen Seele" gilt es zunächst einmal ernst zu nehmen (Putnam 1993, S. 239; vgl. Habermas 1999, S. 235; 2008, S. 17–18). Er ist für das Verständnis von Rortys Werk zentral. Aber ist seine transformative Neubeschreibung der Sprache, des Menschen und der liberalen Demokratie wirklich besser für deren Werte? Was bedeutet es für deren politische Praxis und für das Selbstverständnis ihrer Bürger, wenn wir uns auf das von ihm vorgeschlagene Experiment eines neuen Selbstbildes in der Gestalt einer Kombination von romantischem Selbstvertrauen und pragmatistischer Solidarität einlassen würden?

Dieses *essential* schließt mit einer Anregung für das *Weiter*lesen von Rorty. Vorausgesetzt man findet seine pragmatistische Kombination von Romantik und Pragmatismus plausibel, sollte man versuchsweise das pragmatische Kriterium auf seine transformative Neubeschreibung selbst anwenden. Jenseits aller berechtigten Einzelkritik an der Kohärenz seiner Position sollte man untersuchen, ob sich nicht die triftigsten Einwände gegen Rorty aus einer immanenten Prüfung ergeben. Auf diese Weise wird das von ihm als Neopragmatisten selbst betonte Kriterium der pragmatischen Bewährung ernst genommen. Nach der pragmatischen Methode gilt es, Ideen und Theorien anhand ihrer Konsequenzen für die Praxis zu beurteilen. Mit dem Blick auf den "cash value" von Theorien für die Praxis sollen endlose philosophische Streitigkeiten geschlichtet werden. Die zentrale sinnkritische Frage lautet dabei: Welchen praktischen Unterschied würden unsere Theorien machen (James 1994, S. 27–34).

Um einen Schritt in der Rorty-Debatte weiter zu kommen, lautet der Vorschlag also, mit den Klassikern des Pragmatismus nach den Konsequenzen beziehungsweise nach den „Früchten" (Dewey 1998, S. 221) von Rortys Neubeschreibung des Liberalismus zu fragen: Besteht seine Vision eines demokratischen Antiautoritarismus den pragmatischen Test? Ist sie wirklich den Werten und Institutionen der liberalen Demokratie dienlich?[2] Rorty selbst wäre eine pragmatisch-politische Wendung des Gesprächs über sein Werk willkommen. Dass dabei seine Neubeschreibung des Liberalismus selbst transformiert würde, ist aus Rortys Sicht nur zu begrüßen:

> Ironiker […] finden den Gedanken, dass ihre Neubeschreibungen nur Stoff für die Neubeschreibungen ihrer Nachfolger sein werden, nicht beunruhigend, ihre Einstellung gegenüber den Nachfolgern ist einfach: „Viel Glück dabei!" (KIS, S. 171)

---

[2]Für einen hier vorgeschlagenen pragmatischen Test anhand der zu erwartenden Konsequenzen seiner Neubeschreibung für die politische Praxis unserer liberalen Demokratien siehe den dritten Teil von Müller 2014a. Das Ergebnis dort lautet: Sowohl aus theoriestrategischen Gründen als auch vom Standpunkt der liberalen Praxis aus sind Korrekturen erforderlich. Diese sind aber auch möglich, und zwar unter Beibehaltung der Grundkonzeption und der antiautoritären Intention von Rortys transformativem Denken.

Was Sie aus diesem *essential* mitnehmen können

- Für Rortys Version des Neopragmatismus sind zwei Dimensionen zugleich kennzeichnend: eine radikal pragmatistische *und* eine starke romantische.
- Seine Alternative zum Repräsentationalismus ist eine Philosophie des Gesprächs mit Fokus auf die Rechtfertigungspraxis und die kommunikative Solidarität.
- Der transformative Anspruch Rortys zeigt sich an seiner Verabschiedung der Wahrheitstheorie mit dem Motto: Rechtfertigung *statt* Wahrheit.
- Rorty will unsere Sprachpraxis im Dienst der Demokratie verändern. Sein humanistisches Motiv ist ein demokratischer Antiautoritarismus.
- Die Utopie einer post-metaphysischen liberalen Kultur in *Kontingenz, Ironie und Solidarität* ist die politische Konkretisierung dieses kulturpolitischen Projekts.
- Das Bürgerideal der liberalen Ironikerin verkörpert eine lebenspraktische Balance von privater Romantik und öffentlichem Pragmatismus.

© Springer Fachmedien Wiesbaden GmbH, ein Teil von Springer Nature 2021
M. Müller, *Rorty lesen,* essentials,
https://doi.org/10.1007/978-3-658-33550-2

Literatur

Zitierte Schriften von Richard Rorty

CP *Consequences of Pragmatism. Essays: 1972–1980.* Minneapolis: University of Minnesota Press, 1982.

EHO *Essays on Heidegger and Others. Philosophical Papers. Vol. 2.* Cambridge: Cambridge University Press, 1991.

HSE *Hoffnung statt Erkenntnis. Eine Einführung in die pragmatische Philosophie.* Übers. v. Joachim Schulte. Wien: Passagen, 1994.

KIS *Kontingenz, Ironie und Solidarität.* Übers. v. Christa Krüger. Frankfurt a. M.: Suhrkamp, 1989.

KOZ *Eine Kultur ohne Zentrum. Vier philosophische Essays.* Übers. v. Joachim Schulte. Stuttgart: Reclam, 1993.

ORT *Objectivity, Relativism, and Truth. Philosophical Papers. Vol. 1.* Cambridge: Cambridge University Press, 1991.

PKP *Philosophie als Kulturpolitik.* Übers. v. Joachim Schulte. Frankfurt a. M.: Suhrkamp, 2008.

PP *Philosophy as Poetry.* Introduction by Michael Bérubé. Afterword by Mary V. Rorty. Charlottesville und London: University of Virginia Press, 2016.

PSH *Philosophy and Social Hope.* New York: Penguin, 1999.

PZ *Philosophie & die Zukunft. Essays.* Übers. v. Matthias Grässlin et. al. Frankfurt a. M.: Fischer, 2000.

RR *The Rorty Reader.* Hrsg. Christopher J. Voparil und Richard J. Bernstein. Oxford: Wiley-Blackwell, 2010.

SE *Die Schönheit, die Erhabenheit und die Gemeinschaft der Philosophen.* Mit einem Kommentar von Albrecht Wellmer. Übers. v. Christa Krüger und Jürgen Blasius, Frankfurt a. M.: Suhrkamp, 2000.

SL *Stolz auf unser Land. Die amerikanische Linke und der Patriotismus.* Übers. v. Hermann Vetter. Frankfurt a. M.: Suhrkamp, 1999.

SN *Der Spiegel der Natur. Eine Kritik der Philosophie.* Übers. v. Michael Gebauer. Frankfurt a. M.: Suhrkamp, 1981.

SO *Solidarität oder Objektivität? Drei philosophische Essays.* Übers. v. Joachim Schulte. Stuttgart: Reclam, 1988.

© Springer Fachmedien Wiesbaden GmbH, ein Teil von Springer Nature 2021
M. Müller, *Rorty lesen,* essentials,
https://doi.org/10.1007/978-3-658-33550-2

TCF *Take Care of Freedom and Truth Will Take Care of Itself: Interviews with Richard Rorty*. Hrsg. Eduardo Mendieta. Stanford, CA: Stanford University Press, 2005.
WF *Wahrheit und Fortschritt*. Übers. v. Joachim Schulte. Frankfurt a. M.: Suhrkamp, 2000.

Weitere zitierte Literatur

Bacon, Michael. 2007. *Richard Rorty. Pragmatism and Political Liberalism*. Lanham, MD: Lexington.
Bernstein, Richard J. 2010. *The Pragmatic Turn*. Cambridge: Polity.
Brandom, Robert. Hrsg. 2000. *Rorty and His Critics*. Oxford: Blackwell.
Curtis, William M. 2016. *Defending Rorty. Pragmatism and Liberal Virtue*. Cambridge, MA: Cambridge University Press.
Dewey, John. 1998. *Die Suche nach Gewißheit. Eine Untersuchung des Verhältnisses von Erkenntnis und Handeln*. Übers. v. Martin Suhr. Frankfurt a. M.: Suhrkamp.
Habermas, Jürgen. 1999. *Wahrheit und Rechtfertigung. Philosophische Aufsätze*. Frankfurt a. M.: Suhrkamp.
Habermas, Jürgen. 2008. *Ach, Europa. Kleine politische Schriften XI*. Frankfurt a. M.: Suhrkamp.
James, William. 1994. *Der Pragmatismus. Ein neuer Name für alte Denkmethoden*. 2. Aufl. Übers. v. W. Jerusalem, mit einer Einl. hrsg. v. Klaus Oehler. Hamburg: Meiner.
Janack, Marianne. Hrsg. 2010. *Feminist Interpretations of Richard Rorty*. University Park, PA: Penn State University Press.
Müller, Martin. 2014a. *Private Romantik, öffentlicher Pragmatismus? Richard Rortys transformative Neubeschreibung des Liberalismus*. Bielefeldt: Transcript.
Müller, Martin. 2014b. Richard Rortys *Contingency, Irony, and Solidarity* (1989). Die begründungstheoretische Verbindung von Utopie und Ironie. In *Idealstaat oder Gedankenexperiment? Zum Staatsverständnis in den klassischen Utopien*. Hrsg Thomas Schölderle, 287–304. Baden-Baden: Nomos.
Müller, Martin. 2017. From Irony to Robust Serenity – Pragmatic Politics of Religion after Rorty. *Contemporary Pragmatism* 14 (3): 334–349.
Müller, Martin. 2019. Richard Rorty und das kommunitarische Denken. In *Handbuch Kommunitarismus*, Hrsg. Walter Reese-Schäfer, 301–318. Wiesbaden: Springer VS.
Müller, Martin. Hrsg. Im Erscheinen. *Handbuch Richard Rorty*. Wiesbaden: Springer VS.
Nagl, Ludwig. 1998. *Pragmatismus*. Frankfurt a. M. und New York: Campus.
Putnam, Hilary. 1993. *Von einem realistischen Standpunkt. Schriften zur Sprache und Wirklichkeit*. Übers. u. hrsg. v. Vincent C. Müller. Reinbek: Rowohlt.
Putnam, Hilary. 1995. *Pragmatismus. Eine offene Frage*. Übers. v. Reiner Grundmann. Frankfurt a. M. und New York: Campus.
Ramberg, Bjørn T. 2014. Irony's Commitment: Rorty's Contingency, Irony, and Solidarity. *The European Legacy. Toward New Paradigms* 19 (2): 144–162.
Reese-Schäfer, Walter. 2006. *Richard Rorty zur Einführung*. Hamburg: Junius.
Sandbothe, Mike. 2000. Die pragmatische Wende des linguistic turn. In *Die Renaissance des Pragmatismus. Aktuelle Verflechtungen zwischen analytischer und kontinentaler Philosophie*. Hrsg. ders., 96–126. Weilerswist: Velbrück.
Tartaglia, James. 2007. *Rorty and the Mirror of Nature*. London: Routledge.

Voparil, Christopher J. 2010. General Introduction. In *The Rorty Reader*, Hrsg. Christopher. J. Voparil und Richard J. Bernstein, 1–52. Oxford: Wiley-Blackwell.

Printed in the United States
by Baker & Taylor Publisher Services